L'HYDRE MONDIALE

FRANÇOIS MORIN

L'HYDRE MONDIALE

L'oligopole bancaire

© Lux Éditeur, 2015
www.luxediteur.com

Dépôt légal : 2ᵉ trimestre 2015
Bibliothèque et Archives Canada
Bibliothèque et Archives nationales du Québec
ISBN : 978-2-89596-199-4
ISBN (ePub) : 978-2-89596-678-4
ISBN (PDF) : 978-2-89596-878-8

*À l'équipe du LEREPS
et en mémoire de Bernard Maris*

Liste des sigles, acronymes et abréviations

ABE	Autorité bancaire européenne
AFME	Association for Financial Markets in Europe
BBA	British Bankers' Association
BCE	Banque centrale européenne
BRI	Banque des règlements internationaux
CDO	*collateral debt obligation* (obligation adossée à des actifs)
CDS	*credit default swap* (dérivés de crédit)
CFTC	Commodity Futures Trading Commission
CLS	Continuous Linked Settlement System Bank
CSF	Conseil de stabilité financière
EEE	Espace économique européen
Euribor	*euro interbank offered rate* (taux interbancaire offert en euro)
FCA	Financial Conduct Authority
FDIC	Federal Deposit Insurance Corporation
Fed	Federal Reserve System (Réserve fédérale des États-Unis)
FHFA	Federal Housing Finance Agency

FINMA	Eidgenössische Finanzmarktaufsicht (Autorité fédérale de surveillance des marchés financiers)
FMI	Fonds monétaire international
FSA	Financial Services Authority
GFMA	Global Financial Markets Association
ICIJ	International Consortium of Investigative Journalists (Consortium international des journalistes d'investigation)
IIF	Institute of International Finance
ISDA	International Swaps and Derivatives Association
Libor	*London interbank offered rate* (taux interbancaire pratiqué à Londres)
LTCM	Long Term Capital Management
PIB	produit intérieur brut
OCC	Office of the Comptroller of the Currency
OCDE	Organisation de coopération et de développement économiques
OFAC	Office of Foreign Assets Control
OTC	*over-the-counter* (de gré à gré)
SEC	Securities and Exchange Commission
Tibor	*Tokyo interbank offered rate* (taux interbancaire pratiqué à Tokyo)
TTF	taxe sur les transactions financières

Introduction

Janet Yellen, la nouvelle présidente de la Réserve fédérale des États-Unis (Fed), a affirmé récemment que « les autorités de régulation devaient travailler davantage à prévenir tout nouveau sauvetage de grandes banques par l'État en cas de nouvelle crise financière[1] ». Elle reconnaissait ainsi qu'une nouvelle crise financière est possible. Elle annonçait surtout que la tâche des autorités responsables d'encadrer l'activité des grandes banques américaines consistait moins à éviter une telle crise qu'à s'assurer que, cette fois-ci, le trésor public n'en fasse pas les frais. À défaut d'avoir le courage d'en découdre avec le Béhémoth bancaire, elle propose de l'empêcher de dévorer les citoyens.

La vice-présidente du nouveau mécanisme européen de supervision des banques exprime la même idée

---

[1]. « Janet Yellen salue la reprise de prêts des petites banques », Reuters France, 1er mai 2014.

lorsqu'elle déclare qu'avec «la création d'un fonds de résolution financé par les banques, les nouvelles règles auront pour objet de protéger les États membres et les contribuables qui ne devront plus payer pour les banques représentant un risque systémique[2]». C'est aussi avouer que certaines banques représentent toujours un risque systémique, c'est-à-dire un risque qui peut entraîner l'écroulement du système économique et financier mondial, comme l'avait fait en son temps la faillite de Lehman Brothers. Christine Lagarde, directrice du Fonds monétaire international (FMI), l'a admis en mai 2014: «Le comportement du secteur financier n'a pas fondamentalement changé depuis la crise. L'industrie attache toujours plus d'importance au profit à court terme plutôt qu'à la prudence de long terme, aux bonus actuels plutôt qu'à leur relation de demain[3].»

Le monde peut donc encore connaître un cataclysme financier majeur, avec son cortège de chômage et de tensions sociales et politiques redoutables, mais, cette fois, les autorités promettent que, grâce aux mécanismes de régulation mis en place, ni les États ni les contribuables n'en paieront les conséquences. Peut-on le croire? Qu'est-

---

2. Sabine Lautenschläger, «La BCE assure que "les contribuables ne payeront plus pour les banques"», *Le Monde,* 3 novembre 2014. Sabine Lautenschläger est membre du directoire de la Banque centrale européenne (BCE).

3. Déclaration du 25 mai 2014. Voir, par exemple, Richard Hiault «Lagarde s'emporte contre les banques», *Les Échos,* 28 mai 2014.

ce qui pourrait alors nous convaincre que ce seraient les banques et leurs actionnaires qui seraient les principaux payeurs, sinon les seuls payeurs, à l'exclusion des citoyens[4]?

En première analyse, ce raisonnement est effectivement déroutant. Peut-on exclure toute nouvelle intervention des États si une nouvelle crise financière secouait la planète? Les États ne seraient-ils pas, de fait, à nouveau en première ligne pour rétablir au plus vite la stabilité du système financier, ne serait-ce qu'afin de conjurer les conséquences politiques et sociales d'un tel séisme économique?

La position des autorités de régulation ne peut se comprendre que si l'on explicite l'hypothèse qui sous-tend leur raisonnement. La voici: les mesures de régulation doivent limiter les effets de la défaillance d'une grande banque à cette seule banque afin d'éviter une réaction en chaîne comme celle qui suivit la faillite de Lehman Brothers; il s'agit donc de mettre la banque défaillante à l'isolement, en soins intensifs, pour éviter la contagion.

Cette hypothèse nous paraît cependant tout à fait contradictoire avec la nature même des banques systémiques dont il est question. En effet, selon la définition qu'en a donnée le G20 de Cannes en 2011, une

---

4. Parmi les actionnaires, il y a aussi des citoyens qui sont des détenteurs de fonds pour leur retraite ou d'assurances vie…

banque systémique est une banque dont la taille est telle que sa chute risque précisément d'entraîner une crise mondiale (on dit ces banques «*too big to fail*»).

Le dilemme conceptuel, mais surtout pratique, que doivent résoudre les autorités de régulation peut s'énoncer ainsi : la caractéristique principale de ces banques – leur «être» même – est-elle d'être systémique? Car ou bien ces banques sont réellement systémiques – et alors toute tentative d'isolement est vouée à l'échec, car en raison de leur taille et de leurs relations, ces banques peuvent difficilement s'effondrer sans entraîner dans leur chute des pans entiers de l'économie –, ou bien elles ne le sont pas vraiment, et l'on peut alors espérer que, en cas de faillite, un traitement approprié par confinement réussirait à éviter l'extension de la crise. En toute logique, cette seconde lecture devrait être celle de nos régulateurs.

Or, ceux-ci n'ont cesse de répéter que «la crise financière a montré que certains groupes financiers étaient devenus si importants, endettés et interconnectés que leur faillite pourrait poser une menace pour la stabilité financière dans son ensemble[5]». La position des autorités de régulation est donc paradoxale, voire contradictoire. En tout cas, elle n'est pas une réponse satisfaisante

---

5. Cette déclaration a été faite par Janet Yellen à l'issue d'une réunion du Conseil des gouverneurs de la Fed, dont elle est la nouvelle présidente. Stéphane Lauer, «Les banques américaines soumises à de nouvelles exigences financières», *Le Monde,* 9 avril 2014.

au grave problème que pose l'activité et la nature de ces banques.

*
* *

L'objectif de ce livre est de démontrer que «l'être» des plus grandes banques mondiales est effectivement de nature systémique, et que, par conséquent, seule une action qui changerait cela est susceptible de prévenir un prochain cataclysme financier. Nous soutenons que ce n'est pas, comme le proposent les diverses réglementations américaines et européennes, en relevant (ridiculement peu) le niveau des fonds propres de ces banques ou de leurs réserves que l'on obtiendra une plus grande sécurité ni qu'on les forcera à adopter un comportement moins risqué.

Nous dévoilerons en cours de route à quel point les intérêts de ces banques sont étroitement liés; mieux, nous verrons que ces banques sont si bien interconnectées et si puissantes qu'elles forment un véritable *oligopole* au sens économique du terme.

La notion d'oligopole[6] – qui est au cœur de cet ouvrage – est relativement bien balisée par les économistes industriels, peu importe le courant de pensée

---

6. Contrairement au terme «monopole», d'origine médiévale, le terme «oligopole» est récent: il date du XXe siècle.

dans lequel ils s'inscrivent. Du grec *oligos*, petit nombre, et *polein*, vendre, l'oligopole désigne la structure d'un marché sur lequel interviennent un petit nombre de grandes entreprises, et qui n'est plus, de ce fait, tout à fait concurrentiel. Ce marché est dit « imparfait », même s'il subsiste, à côté des grandes firmes qui le dominent, une frange de petites entreprises plus ou moins en concurrence.

D'une façon générale, l'oligopole est le fruit de la concentration de quelques entreprises sur un ou plusieurs segments du marché, de façon que le profit de chaque entreprise dépend des agissements des autres. Il en découle une conséquence essentielle : l'*interdépendance* des plus grandes entreprises. Aucune firme ne peut agir sans tenir compte des réactions des autres présentes sur le même marché. Disposant d'une position dominante, la tentation est forte pour les entreprises oligopolistiques – les plus grandes – de s'accorder sur les prix et sur les quantités offertes pour accroître leurs profits, au détriment des consommateurs. Ces ententes sont évidemment considérées comme frauduleuses et, par conséquent, interdites par les différents droits de la concurrence.

Reprenant à son compte cette définition classique de l'oligopole, cet ouvrage démontrera donc, données à l'appui, l'existence d'un oligopole bancaire à l'échelle mondiale. Celui-ci est constitué de banques systémiques, au nombre de 28 selon le G20. Ces banques sont par conséquent de très grande taille et fortement interconnectées[7]. Non seulement sont-elles interconnectées par des relations de marché, mais elles sont en plus à la tête des institutions qui représentent les intérêts de toute la profession, laquelle compte pas moins de 40 000 banques dans le monde, dont la quasi-totalité est évidemment de taille beaucoup plus petite.

Les banques appartenant à l'oligopole dominent les plus grands marchés de la finance globalisée. Cette influence s'exerce principalement sur le marché des changes, sur les marchés obligataires ou encore sur les marchés de produits dérivés. Nous observerons que, parmi les 28 banques systémiques, 11 sont en fait beaucoup plus puissantes que les autres. Ce panel de banques systémiques forme véritablement le noyau de l'oligopole bancaire mondial.

Or la puissance de cet oligopole est telle que, face à des États surendettés, le rapport de force s'est progressivement inversé. C'est ce qui explique l'emprise de l'oligopole bancaire sur la conduite des politiques économiques et le cycle des affaires. Chacun a pu constater,

---

7. Nous laisserons de côté les neuf compagnies d'assurance à dimension systémique, dont la liste a été établie en juillet 2013 par le Conseil de stabilité financière. Nous considérons en effet qu'une banque se distingue de tous les autres agents économiques – y compris des compagnies d'assurance – par sa capacité à créer de la monnaie par l'acte de crédit. Pour mémoire, la liste de ces compagnies est la suivante : Allianz, AIG, Aviva, AXA, Generali, MetLife, Ping An, Prudential Financial et Prudential plc.

lors de la dernière crise provoquée par ces banques, en 2007 et 2008, que leurs principaux dirigeants ont été les seuls à être écoutés par les gouvernements lorsqu'il fallut établir une nouvelle politique économique.

Mais il y a plus. L'existence de cet oligopole est confirmée par le constat – qui ne va pas sans susciter une vive inquiétude, même s'il est sans surprise – que plusieurs de ces banques ont pris l'habitude, depuis le milieu des années 2000, de s'entendre entre elles, ponctuellement ou plus durablement. Ces ententes frauduleuses sont avérées sur les prix qui se forment sur les marchés monétaires et financiers, notamment sur les prix essentiels que sont les taux de change et les taux d'intérêt. Ces banques se sont également entendues à deux reprises sur les marchés de produits dérivés. Or, par leur volume considérable – sur lequel nous reviendrons –, ces marchés ont un impact majeur, direct et quotidien, sur la vie de chaque citoyen de la planète, par exemple à travers les taux d'intérêt des crédits à la consommation ou des crédits immobiliers.

La crise financière, provoquée par ces banques systémiques, n'a nullement stoppé ces pratiques d'entente. Pire, pendant que se développaient ces ententes, la crise des *subprimes* a éclaté. On sait aujourd'hui que cette crise a été beaucoup plus brutale et féroce qu'on ne l'imaginait encore il y a un an ou deux: des banques viennent en effet d'être condamnées par les autorités judiciaires américaines à de lourdes amendes pour avoir octroyé des crédits à des ménages américains, en général à faibles revenus, sachant sciemment, à l'*avance,* que ceux-ci *ne pourraient jamais rembourser leurs emprunts,* la banque espérant avec cynisme se rembourser par la vente avantageuse de leurs biens immobiliers, ou encore par la vente, à très bon compte, des titres représentatifs de ces crédits, sachant qu'ils étaient toxiques. Ainsi, les banques systémiques savaient déjà jouer de leur taille, de leur renommée et de leur position dominante pour placer frauduleusement ces crédits ou ces titres.

Cet oligopole bancaire est de formation récente. Il est né de la globalisation des marchés monétaires et financiers survenue vers le milieu des années 1990 avec la libéralisation des mouvements de capitaux à l'échelle internationale. Les plus grandes banques du monde développé ont alors ajusté leur taille et leurs activités à la dimension mondiale acquise par ces nouveaux marchés. Leur position dominante sur ces marchés s'est progressivement affirmée, en même temps que grandissaient les tentations d'entente entre elles. Les premières ententes frauduleuses n'ont cependant pas été découvertes tout de suite, car les premières enquêtes des autorités américaines et britanniques n'ont été lancées qu'autour de 2012. Ce laps de temps a permis à ces banques d'engranger des surprofits considérables.

Plus inquiétant encore, les banques systémiques sont les seules à proposer aux entreprises des contrats de produits dérivés. Ces produits financiers sont des produits de couverture permettant de s'assurer contre les risques que représentent les variations de prix de produits dits « sous-jacents », comme par exemple le cours des actions ou des obligations, le prix des matières premières, ou encore – et c'est de loin les plus importants – les taux de change (pour des contrats de vente d'avion par exemple) et les taux d'intérêt (pour les contrats de prêts). La valeur des produits assurés par ces contrats (dite « valeur notionnelle ») représente des sommes absolument astronomiques (en 2013, ce montant était de 710 000 milliards de dollars, soit environ dix fois le produit intérieur brut [PIB] mondial). La fonction supposée de ces produits est de stabiliser le système monétaire et financier international, car face aux risques liés à la volatilité des marchés, ces contrats assurent aux entreprises, et plus largement à l'économie réelle, une forme de stabilité des prix, ce qui est absolument nécessaire à la poursuite de leurs activités.

En réalité, c'est l'ensemble du financement de l'activité économique mondiale qui se trouve profondément perturbé par les pratiques frauduleuses : le commerce extérieur par la manipulation des taux de change et le financement des investissements par la manipulation des taux d'intérêt, toutes faites « en bande organisée ». À ces manipulations majeures, il faut ajouter celle relative aux contrats de produits dérivés, dont plus de 90 % sont précisément relatifs aux taux de change et aux taux d'intérêt. Ces ententes permettent ainsi de spéculer, avec un profit assuré, sur toute la gamme de l'activité économique, dans une sorte de cercle vicieux sans fin qui va des produits financiers dérivés à leurs produits sousjacents et vice-versa.

Ces quelques observations introductives conduisent à un constat tout à fait essentiel : la nécessité de poser à nouveau, et de façon urgente, la question monétaire. La manipulation par des banques systémiques des taux de change et des taux d'intérêt, et son impact sur les produits dérivés – qu'elles manipulent également – démontrent crûment qu'un oligopole de banques privées s'est arrogé un pouvoir considérable sur la fixation des deux prix les plus fondamentaux de la finance globalisée. Il s'agit clairement d'un pouvoir sur les conditions monétaires de l'activité économique.

Ajoutons à cela une considération majeure. On sait que la création et la gestion de la monnaie dans le monde développé qui est le nôtre sont uniquement le fait de banques privées, d'une part, et de banques centrales indépendantes des États, d'autre part. Cela signifie que les États ont abandonné au cours de ces quarante dernières années toute souveraineté en matière de monnaie. Par rapport à la période des Trente Glorieuses où les États et leurs banques centrales fixaient les conditions monétaires de l'activité économique en gérant taux de change et taux d'intérêt, la période actuelle se caractérise, de fait, par un renversement complet : c'est un oligopole de banques privées et systémiques qui fixe les conditions monétaires de l'activité économique mondiale, non seulement en raison de ses positions dominantes sur les marchés monétaires et financiers, mais aussi, et peut-être surtout, en abusant de ces positions.

Depuis le milieu des années 1990, les crises systémiques se sont enchaînées ; leur cause est chaque fois la spéculation à base de produits dérivés créés par les grandes banques systémiques. Il n'y a aucune raison de penser que cet enchaînement délétère puisse être contenu par la régulation actuelle. C'est bien parce que les États ont abandonné leur souveraineté monétaire – en libéralisant les taux de change et les taux d'intérêt – que les produits dérivés ont été nécessaires, et qu'en même temps s'est substitué aux États un oligopole bancaire, véritable hydre omnipotente et dévastatrice.

Faut-il chercher plus loin les causes de la crise politique qui traverse les démocraties occidentales ? Compte tenu de ce qui précède, la crise de la dette publique qui frappe tous les pays développés sans exception ne tient pas à une soi-disant gabegie des finances publiques depuis trente ou quarante ans. Non, le surendettement actuel des États, surtout depuis la crise financière de 2007-2008, est dû à la réparation des dégâts toujours plus considérables causés par cette finance globalisée et l'oligopole bancaire qui en est le cœur[8].

---

8. L'endettement actuel est aussi lié à une politique fiscale de type « néolibérale » qui, durant des années, a cherché à déposséder les États de leurs moyens de financement par l'impôt.

Comment sortir de cette situation et de la succession de crises à laquelle elle conduit ? Il faut, nous semble-t-il, aller au fond des choses et poser la question suivante. Qui défend le mieux l'intérêt général dans le monde globalisé qui est le nôtre : des banques privées, systémiques, regroupées dans un oligopole où les tentations d'entente sont permanentes et ont été déjà avérées, ou bien des États qui pourraient – en s'accordant entre eux – retrouver leur souveraineté monétaire, en sachant évidemment que des dérives de leur part seraient toujours possibles, quoique contenues par des pouvoirs démocratiques qui auraient retrouvé leur force ?

Si l'on veut éviter le prochain cataclysme financier, il faut, à l'évidence, favoriser le retour à des souverainetés monétaires organisées dans un cadre international. En reprenant sur le fond les idées de Keynes, il faut militer d'urgence pour un nouveau Bretton Woods qui permettrait de mettre en place une monnaie commune (et non unique), par rapport à laquelle toutes les autres monnaies pourraient se référer dans des rapports stables. Les taux de change échapperaient ainsi au jeu du marché pour revenir à des décisions résultant d'accords de la communauté internationale.

Depuis quelque temps, le débat philosophique sur l'avenir de notre système économique a repris de la vigueur face au désarroi croissant causé par l'impuissance des pouvoirs politiques. Nous ferons ici nôtre cette interpellation de Marcel Gauchet :

> Il faut se concentrer sur ce monstre appelé capitalisme pour essayer d'en disséquer les organes et voir quelle est la véritable composition de ce Léviathan qui nous fait si peur quand on le considère en bloc. Mais justement, cessons de le considérer en bloc, analysons-le pièce à pièce et je pense que nous trouverons des moyens, non pas de le dépasser, chose qui ne me paraît pas vouloir dire grand-chose en réalité, mais de le transformer très profondément dans son mode de fonctionnement par rapport à ce que nous connaissons[9].

Cet ouvrage entend contribuer à cette analyse « pièce à pièce » de ce Léviathan moderne, pour mettre à nu son rouage essentiel : l'oligopole bancaire mondial, son rôle majeur dans la crise actuelle ainsi que ses impacts délétères sur nos démocraties politiques. Ce chemin nous paraît être un passage obligé, car seule l'appréhension exacte des forces qui déstabilisent aujourd'hui notre planète peut permettre de trouver les solutions pour les démanteler et nous ouvrir les voies d'un avenir nouveau qui soit à la fois plus serein et plus démocratique.

---

9. Extrait de l'intervention de Marcel Gauchet lors de l'émission à la télévision française *Ce soir (ou Jamais!)*, France 2, 17 octobre 2014.

Première partie

Un oligopole omnipotent et systémique

En novembre 2011, le G20, réuni à Cannes, a reconnu du bout des lèvres que les plus grandes banques avaient une part de responsabilité dans le déclenchement de la crise financière de 2007-2008. Il a alors décidé – et c'est une vraie première – que le Conseil de stabilité financière (CSF) allait publier une liste de 29 banques définies comme des « banques systémiques »[1]. Cette liste fut ramenée l'année suivante à 28, suite au naufrage de la banque franco-belge Dexia. La définition que donne le CSF d'une banque systémique et, par conséquent, les critères qui ont été avancés pour dresser cette liste, doit ici retenir notre attention, même si ces critères ont pu être davantage affinés par la suite.

Selon le CSF, les banques d'importance systémiques sont celles « dont la chute ou la faillite désordonnée, en raison de leur taille, de leur complexité et de leur interconnexion systémique serait la cause d'une perturbation importante du système financier dans son ensemble et

---

1. Voir « Le communiqué final du sommet G20 », *La Tribune*, 4 novembre 2011 ; et CSF, « Policy Measures to Address Systemically Important Financial Institutions », 4 novembre 2011.

de l'activité économique[2] ». Les critères énoncés par cette définition sont assez clairs et les analystes financiers[3] en ont généralement retenu trois : 1) la taille de la banque au sens économique et non au sens comptable du terme, c'est-à-dire en tenant compte des expositions relatives aux risques, au bilan et hors-bilan ; 2) le degré d'interconnexion avec d'autres banques ou institutions financières ; 3) le degré de concentration du marché. Deux autres critères ont été rajoutés par la suite : 4) l'activité internationale et 5) la complexité – cette dernière s'appréciant notamment par l'importance des produits dérivés.

Partons donc de cette définition et regardons concrètement ce qu'elle signifie pour nos 28 banques. À notre connaissance, très peu de travaux ont été publiés en se référant à ces critères. Quand ils existent, il est rarissime que les noms des banques y apparaissent en tant que tels, soit pour des raisons de secret statistique, quand ces travaux émanent d'administrations publiques, soit pour des raisons de confidentialité, quand ces travaux sont le fait de services d'étude relevant du secteur financier lui-même.

Nous soulignons donc que les données présentées dans cet ouvrage sont toutes originales et n'ont fait l'objet d'aucune publication antérieure. Ainsi, pour chaque

---

2. CSF, « Reducing the Moral Hazard Posed by Systemically Important Financial Institutions », 4 novembre 2011, p. 1.
3. Voir par exemple Natixis, « Banques et risque systémique », document de travail n° 9, 24 juin 2013.

banque, les informations ont été collectées une à une, soit extraites des états financiers que celles-ci sont amenées à publier chaque année, soit tirées de la presse financière spécialisée[4]. Nous avons ensuite organisé ces données en tableaux. Ces derniers ont été réalisés en tenant compte du fait que ces 28 banques appartiennent à cinq zones monétaires différentes, les conversions monétaires requises ont donc été réalisées à chaque fois.

Au regard des critères qui définissent ce que sont les banques systémiques, d'une part, et des données que nous avions collectées sur ces banques, d'autre part, nous avons rapidement été convaincu que nous étions en face d'un véritable oligopole. En effet, qu'il s'agisse 1) de la taille des banques systémiques qui est surdimensionnée par rapport à celle de toutes les autres banques, notamment en matière de produits dérivés ; 2) de la très forte interconnexion entre ces banques, pas seulement dans leurs relations de marché, mais aussi dans leurs liens institutionnels ; 3) de leur degré de concentration sur des marchés fondamentaux de la finance, qui leur confère ainsi des positions dominantes ; toutes les conditions étaient réunies pour que l'on confirme l'appartenance de ces banques à ce que nous appellerons désormais l'oligopole bancaire mondial.

---

4. D'autres sources ont été également mobilisées : des rapports d'enquête ou même des informations qui ont pu paraître ici ou là dans la grande presse d'opinion.

Cette affirmation s'est transformée en conviction définitive lorsque nous avons constaté l'ampleur des ententes frauduleuses que ces banques ont secrètement développées entre elles ces dernières années. C'est l'objet de la deuxième partie de cet ouvrage.

Il nous reste maintenant à transmettre cette conviction au lecteur et à lui démontrer l'omnipotence de cet oligopole bancaire.

Une taille surdimensionnée

Notre premier tableau établit la liste des banques systémiques telle qu'elle a été arrêtée en novembre 2012 par le CSF. Comme nous l'avons déjà dit, sur cette liste ne figure plus la banque franco-belge Dexia, puisque celle-ci a été mise en quasi-liquidation durant l'année 2012.

Pour ce qui est de la taille, nous avons choisi de retenir comme premier critère le total de bilan de chacune des banques. Pour le secteur bancaire, ce critère est tout à fait classique, car, à la différence des autres secteurs d'activité, le bilan d'une banque retrace sa capacité, d'une part, à mobiliser des ressources financières, notamment sous forme de dépôts (c'est une partie du passif du bilan) et, d'autre part, à octroyer des crédits qui sont à l'origine de la création de la monnaie scripturale (actif du bilan). Il ne faut cependant pas perdre de vue que la taille d'une banque, et donc son poids, ne sont pas nécessairement le signe d'une croissance saine. Une croissance excessive des bilans bancaires peut traduire le développement d'une bulle de l'endettement privé susceptible de dégénérer en crise financière.

Regardons le tableau 1. Que nous enseigne-t-il? On observe d'abord que l'écart entre la plus grande banque (JPMorgan Chase) et la plus petite (State Street) est important, la première étant 16 fois plus grosse que la seconde. Ensuite, il faut bien prendre conscience que le total de bilan de chacune de ces banques représente des montants incroyables. À la fin de l'année 2012, elles ont des actifs à leur bilan supérieurs à plusieurs centaines de milliards de dollars[5].

Elles sont également toutes de dimension internationale, bien qu'elles conservent des assises nationales. À ce sujet, les constats suivants peuvent être énoncés :

– les banques européennes sont les plus nombreuses (16), suivies ensuite par les banques américaines (8), les banques japonaises (3) et la banque chinoise ;

– le poids des bilans des 8 banques américaines parmi les 28 banques systémiques (31,63 %) est quasiment équivalent au poids cumulé des 4 banques françaises et des 4 banques britanniques (31,71 %) ;

– ce poids est également équivalent aux 9 banques de la zone euro (31,99 %) où, remarquons-le, l'Allemagne

---

5. Que le lecteur pressé de comprendre en quoi ces montants sont impressionnants se reporte au tableau 2 de cet ouvrage.

Tableau 1
Les 28 banques systémiques selon leurs totaux de bilan
(au 31/12/2012, en milliards de dollars)

JPMorgan Chase	É.-U.	3 953
Bank of America	É.-U.	3 568
Citigroup	É.-U.	2 855
HSBC	R.-U.	2 705
Deutsche Bank	ALL	2 638
Groupe Crédit Agricole	FR	2 630
BNP Paribas	FR	2 490
Barclays PLC	R.-U.	2 320
Mitsubishi UFJ FG	JAP	2 202
Bank of China	Chine	2 069
Royal Bank of Scotland	R.-U.	2 033
Morgan Stanley	É.-U.	1 760
Goldman Sachs	É.-U.	1 723
Mizuho FG	JAP	1 707
Santander	ESP	1 645
Société Générale	FR	1 640
ING Bank	PB	1 520

BPCE	FR	1 508
Wells Fargo	É.-U.	1 459
Sumitomo Mitsui FG	JAP	1 426
UBS	Suisse	1 344
UniCredit Group	IT	1 203
Credit Suisse	Suisse	984
Nordea	Suède	886
BBVA	ESP	832
Standard Chartered	R.-U.	636
Bank of New York Mellon	É.-U.	368
State Street	É.-U.	236
Total		**50 341**

La liste des banques systémiques a été arrêtée par le G20 de Cannes en novembre 2011. Leur nombre était de 29, mais l'une d'entre-elles, Dexia, a fait faillite en 2012. Par ailleurs, le total de bilan d'une banque est un indicateur classique de la puissance financière d'une banque.

Sources : rapports d'activités des banques et Financial Stability Board (FSB), « Update of Group of Global Systemically Important Banks », 1er novembre 2012. Pour le traitement des données des banques américaines, voir le site web d'Olivier Berruyer et notamment : www.les-crises.fr/solvabilite-banques-systemiques/

n'est représentée que par une seule banque, la Deutsche Bank, certes de très grande dimension.

Ces dernières observations nous conduisent à affirmer le poids toujours prééminent des acteurs bancaires occidentaux au sein de la finance globale. La finance asiatique n'est représentée que par les trois banques japonaises et la seule banque chinoise, dont le poids est moindre. Notons toutefois que si la finance chinoise pèse relativement peu, cela devrait rapidement changer en raison de la place récemment acquise par la Chine dans les échanges internationaux et la production mondiale.

Attachons-nous maintenant aux totaux de bilan de l'ensemble des banques systémiques (voir le tableau 2). L'énormité du chiffre obtenu (un peu plus de 50 000 milliards de dollars en 2012), dépasse l'entendement. Pour se donner une idée de ce qu'il représente, on peut le rapporter à une autre grandeur, le total de la dette publique mondiale, c'est-à-dire les dettes cumulées d'un peu moins de 200 États[6].

Le trait évidemment frappant de cette mise en rapport est l'équivalence préoccupante des deux grandeurs. L'endettement public mondial s'élève à peu de chose près au même montant que le bilan des 28 plus grandes banques de la planète. Ce n'est pas banal. Mais comment

---

6. Sur un plan méthodologique, la mise en rapport de ces deux grandeurs ne pose aucune difficulté puisqu'il s'agit de deux grandeurs de stock (et non de flux), c'est-à-dire de valeurs qui se mesurent à une date donnée, ici le 31 décembre.

interpréter ce résultat ? Dans ce rapport d'équivalence, on prend surtout la mesure d'un déséquilibre :

– d'un côté, ce qui apparaît comme une faiblesse des États, leur endettement – dans une période de crise qui se prolonge – qui ne peut être compris que comme un fardeau pour leurs finances publiques ;

– de l'autre côté, ce qui fait la force et la puissance des plus grandes banques, à savoir leur capacité de mobiliser des ressources financières énormes et de pouvoir les affecter ensuite comme bon leur semble.

Cette confrontation donne une première indication claire du rapport de force qui existe aujourd'hui à l'échelle mondiale entre les pouvoirs publics et certains pouvoirs privés. Face à des États affaiblis par leur endettement, la puissance des grands acteurs bancaires privés semble scandaleuse, à plus forte raison si l'on songe que ces derniers sont, pour l'essentiel, à l'origine de la crise financière, donc d'une bonne part du surendettement actuel des États[7] !

À l'examen de ces chiffres, le lecteur critique ne pourra s'empêcher de se poser la question suivante : pourquoi, dans un projet politique futuriste, sinon utopique, ne pas envisager la nationalisation de ces banques ? Celles-ci détiennent dans leur bilan une bonne partie de la dette des États, leur rachat permettrait donc d'effacer

---

7. Pour des données plus précises, on se reportera au tableau 16 de cet ouvrage et aux commentaires qui l'accompagnent.

Tableau 2
Banques systémiques et États :
rapport des forces à l'échelle mondiale
(en milliards de dollars)

	2011	2012
Total de l'endettement public mondial	46 197	48 957
Total de bilan des 28 banques sytémiques	46 115	50 341

Sources : rapports d'activité des banques et tableau 1. Voir aussi « The Global Debt Clock », The Economist, www.economist.com/content/global_debt_clock

une part substantielle de cet endettement tout en détruisant une puissance privée menaçante pour les pouvoirs publics. Dans les faits, le coût de ces opérations de transfert de propriété serait tellement prohibitif pour les finances publiques qu'elles risquent d'apparaître irréalisables. La seule hypothèse réaliste d'une nationalisation implique qu'un cataclysme financier entraîne l'effondrement du système bancaire mondial, rendant le rachat de ces banques abordable, voire nécessaire. Un tel scénario, sombre, est actuellement tout à fait plausible. Mais faut-il espérer cette politique du pire ? Compte tenu de ses conséquences, catastrophiques sur les plans politiques et sociaux, nous ne le croyons pas. Nous y reviendrons.

Nous venons d'examiner les grandeurs qui s'attachent aux bilans des banques systémiques. Elles nous ont révélé leur puissance et, en comparaison, la faiblesse des États. Nous allons nous pencher maintenant sur leur

Tableau 3

Banques systémiques :
encours notionnels de produits dérivés* (au 31/12/2012, en milliards de dollars)

Deutsche Bank	73 411
JPMorgan Chase	69 500
BNP Paribas	63 773
Barclays PLC	63 245
Bank of America	61 900
Royal Bank of Scotland	60 736
Credit Suisse	54 398
Citigroup	54 100
Morgan Stanley	45 000
Goldman Sachs	44 400
UBS	40 931
HSBC	26 803
Société Générale	25 351
Crédit Agricole	22 050
BPCE	9 026
Wells Fargo	3 600
Bank of New York Mellon	1 200
State Street	900
Total	**720 324**

* Un encours notionnel de produit dérivé est la valeur du produit sous-jacent dont il est censé couvrir les risques. Les données relatives aux banques japonaises et à la banque chinoise ne sont pas disponibles.

Source : les états financiers des banques et Office of the Comptroller of the Currency (OCC).

« hors-bilan », c'est-à-dire sur ces engagements bancaires qui ne peuvent pas relever des règles comptables classiques (comme, par exemple, les cautions, avals, nantissements, hypothèques...). Ce qui retiendra notre attention, ce sont des instruments particulièrement importants pour les banques, ceux qui sont censés permettre de gérer des risques liés aux variations de taux d'intérêt et aux variations des taux de change. Ces assurances contre ces risques, ce sont les « produits dérivés », lesquels ont normalement pour « sous-jacents » des taux de change ou des taux d'intérêt. On appelle « valeur notionnelle » d'un produit dérivé la valeur qui est assurée par ces contrats.

Le tableau 3 nous informe sur la valeur notionnelle des contrats de produits dérivés qui se trouvent logés dans le hors-bilan des banques systémiques.

Les chiffres de ce tableau sont très surprenants. Pour ces seuls produits dérivés, les hors-bilans des banques systémiques sont près de 15 fois supérieurs à leurs bilans ! Cette donnée est tout à fait considérable puisqu'elle représente aussi presque 10 fois le PIB mondial[8] de l'année 2012.

Comment expliquer la taille phénoménale des hors-bilans ? Dans une première approche, on peut avancer que le volume de ces contrats est la contrepartie néces-

---

8. Selon la Banque Mondiale, le PIB mondial de l'année 2012 s'est élevé à 72 901 milliards de dollars.

saire à l'instabilité des marchés monétaires et financiers. Même en présence d'une structure oligopolistique bancaire du marché, les taux de change et les taux d'intérêt restent des prix qui répondent à la loi de l'offre et de la demande, il en résulte des risques liés à leur variation incessante. Le secteur de l'économie réelle, principalement les entreprises, ne peut exposer ses activités à des risques aussi considérables. Les entreprises s'assurent donc auprès des banques qui leur offrent des contrats de couverture contre des variations excessives des taux de change ou des taux d'intérêt.

L'encours de valeurs notionnelles apparaît alors comme une mesure significative de capitaux qu'il convient de protéger pour combattre l'instabilité monétaire et financière internationale. Mais nous verrons plus loin que ces produits nourrissent aussi la spéculation et contribuent par conséquent à l'instabilité financière, comme un pompier pyromane. Le tableau 3 appelle plusieurs remarques :

– les écarts entre la plus grande banque (Deutsche Bank) et la plus petite (State Street) est très important : la plus grosse gère environ 80 fois plus de produits dérivés que la plus modeste. Cette différence, croyons-nous, doit être prise en compte pour apprécier le rôle des plus grandes banques au sein de l'oligopole ;

– à cet égard, on observe un saut dans la gestion des encours de produits dérivés entre les banques qui gèrent plus de 20 000 milliards de dollars d'encours et les autres banques. En effet, les 14 premières banques systémiques gèrent près de 90 % du total des encours notionnels ;

– parmi ces dernières, la part des 5 banques américaines est prééminente (38 % du total général), suivie par celle des 4 banques de la zone euro (26 %), des 3 banques britanniques (21 %) et des 2 banques suisses (13 %).

Une remarque importante pour la suite de cet ouvrage doit être faite ici. Chaque trimestre, la Banque des règlements internationaux (BRI) publie la valeur des encours notionnels gérés par des banques. Au 31 décembre 2012, la donnée publiée pour cet encours était de 692 924 milliards de dollars, chiffre sensiblement inférieur à celui que nous avions recueilli pour notre échantillon de banques (720 324 milliards de dollars, voir le tableau 3). En revanche, le chiffre publié par la BRI est très proche de celui que l'on peut calculer pour les 14 banques systémiques. La différence est de l'ordre de 1 % seulement – ce qui peut tenir, par exemple, à de simples problèmes de conversions monétaires. Faut-il alors considérer que les statistiques trimestrielles de la BRI sur les encours notionnels sont en réalité bâties sur les relevés de ces 14 banques seulement ? La tentation est forte.

Dans une note méthodologique, la BRI s'appuie également sur 14 banques pour établir sa statistique sur les encours de produits dérivés, en considérant que ces banques représentent la quasi-totalité du volume des encours notionnels qui sont gérés dans le monde[9]. Nous adopterons ce point de vue, notamment lorsque nous examinerons la longue série des statistiques de la BRI[10] pour comprendre ce qui nourrit l'instabilité du système monétaire et financier international et, du même coup, ce qui peut nous permettre d'en sortir.

Les données que nous venons de parcourir dépassent de loin l'échelle de l'expérience humaine normale. Comme les mesures de l'astrophysique, elles sont déroutantes, lointaines et désincarnées. Pourtant, elles laissent deviner l'existence bien concrète d'un oligopole bancaire mondial. Le prochain tableau sur les banques systémiques permet d'aborder des réalités un peu plus faciles à saisir. On ne quitte pas la démesure, mais celle-ci est peut-être un peu mieux perceptible pour le commun des mortels.

Le tableau 4 nous livre en effet des données sur le profit des banques systémiques pour l'année 2013, la rémunération de leur principal dirigeant et l'écart de cette rémunération avec le salaire moyen du pays.

---

9. La BRI les dénomme des *reporting dealers*. Jacob Gyntelberg et Christian Upper, « The OTC Interest Rate Derivatives Market in 2013 », *BIS Quarterly Review*, décembre 2013 ; et BRI, « Foreign Exchange Turnover in April 2013 : Preliminary Global Results », *Triennial Central Bank Survey*, septembre 2013.

10. Voir le tableau 19, p. 138.

Tableau 4
Banques systémiques :
profits et écarts de salaires (au 31/12/2013)

	Profits de banques systémiques (en milliards de dollars)	Rémunération du principal dirigeant* (en millions de dollars)	Rapport entre la rémunération du dirigeant et le salaire moyen du pays
Goldman Sachs	8,0	19,9	397
Wells Fargo	21,9	19,3	385
Citigroup	13,4	17,5	349
State Street	2,7	15,8	315
Morgan Stanley	8,1	14,4	287
Bank of America	11,4	13,1	261
HSBC	16,3	12,6	261
JPMorgan Chase	17,3	11,8	246
Barclays	0,8	9,4	246
Deutsche Bank	0,9	10,6	241
Mitsubishi UFJ FG	11,3	11,0	230
BBVA	3,0	5,8	193
Bank of New York Mellon	2,1	9,4	188
Nordea	3,5	10,5	187

Royal Bank of Scotland	−1,3	6,9	180
UBS	3,4	12,3	149
Banco Santander	5,8	4,0	133
Credit Suisse	2,8	10,6	128
BNP Paribas	6,4	4,6	109
UniCredit Group	−7,9	3,2	94
Société Générale	2,9	3,8	91
Crédit Agricole	3,3	2,8	67
BPCE	2,6	2,4	57
Standard Chartered	9,9	2,0	52
Bank of China	25,5	0,2	35
ING Bank	4,4	1,3	26
Mizuho FG	7,5	1,0	22
Sumitomo Mitsui FG	9,7	0,9	20
Total	**195,7**	**237,2**	

* Le PDG ou le directeur général. Celui-ci n'est pas toujours le mieux rémunéré dans sa banque.

Sources : Forbes, CNBC, AFL-CIO, Bloomberg, Morningstar, Banque mondiale. Voir, notamment pour les dirigeants, les deux sites suivants : www.aflcio.org/Corporate-Watch/Paywatch-2014# ; www.cnbc.com/id/101619293.

Quelques mots, d'abord, sur le profit des banques systémiques. L'année 2013 leur a rapporté globalement près de 200 milliards de dollars alors que deux d'entre elles ont pourtant eu des résultats négatifs, parfois très importants : la banque italienne Unicredit a vu ainsi ses pertes s'élever à près de 8 milliards de dollars, tandis que la banque anglaise Royal Bank of Scotland perdait 1,3 milliard de dollars. Malgré ces pertes, le profit moyen des banques systémiques est ressorti à 7 milliards de dollars, un chiffre d'autant plus important qu'il est réalisé en pleine crise économique. Derrière cette moyenne se cachent des disparités assez fortes, puisque sept banques ont réalisé des profits supérieurs à 10 milliards de dollars, avec, en tête, la Banque de Chine (25,5), suivie par la banque américaine Wells Fargo (21,9).

Plus saisissante encore que ces gains est la rémunération des dirigeants de ces banques. Cette rémunération comprend à la fois la part fixe et la part variable[11]. En moyenne, le revenu des principaux dirigeants s'est élevé en 2013 à 8,5 millions de dollars, avec là aussi de très fortes disparités, puisque le dirigeant le mieux payé était celui de Goldman Sachs (19,9 millions de dollars) et le moins bien rémunéré, celui de la Banque de Chine

---

11. La part fixe peut être constituée de salaires ou d'autres rémunérations fixes selon le statut du dirigeant. La part variable prend essentiellement la forme de « bonus ». Cette rémunération ne tient pas compte des stock-options.

(0,2 million de dollars). Cette dernière banque fait vraiment figure d'exception puisque, pour toutes les autres banques systémiques, les rémunérations avoisinaient ou dépassaient le million de dollars. Remarquons enfin que les rémunérations des dirigeants des huit banques américaines sont de loin les plus importantes puisqu'elles concentrent 50 % des rémunérations de ce panel. Nous rejoignons ici les observations de Thomas Piketty sur les inégalités de revenus de la société américaine, où les cadres dirigeants des grandes entreprises sont parvenus « à obtenir des niveaux de rémunération extrêmement élevés, inédits dans l'histoire[12] ».

Le rapport entre la rémunération de ces dirigeants et le salaire moyen annuel dans leur pays est éloquent. En moyenne, le revenu du principal dirigeant est 177 fois supérieur au salaire moyen, avec des différences frappantes : chez Goldman Sachs, l'écart est très accentué (près de 400 fois le salaire moyen), alors que pour la banque japonaise Sumitomo, cet écart se limite à 20 fois le salaire moyen. La hiérarchie des écarts salariaux fait apparaître l'ordre suivant : le haut de la hiérarchie est occupé par les dirigeants américains, suivi par les dirigeants britanniques, puis par les dirigeants européens (zone euro), et enfin par les dirigeants asiatiques. Ajoutons que l'explosion des rémunérations des plus hauts

---

12. Thomas Piketty, *Le capital au XXe siècle*, Paris, Seuil, 2013, p. 477.

dirigeants est un phénomène récent. Plusieurs travaux[13] ont montré que cette hausse vertigineuse s'est accélérée seulement à partir des années 1980, moment où la sphère financière a commencé à se « libéraliser ».

Le premier critère pour qualifier une banque de « systémique » est celui de la taille. Nous avons pu vérifier combien une banque systémique est surdimensionnée, soit à travers les totaux de bilan, de hors-bilan ou encore du salaire des principaux dirigeants. Mais deux faits doivent retenir plus particulièrement notre attention : d'une part, la faiblesse devenue patente des États par rapport à la toute-puissance des acteurs centraux de la finance globalisée ; d'autre part, le volume prodigieux des produits dérivés, dont l'essentiel de la gestion revient à 14 banques systémiques. Comme nous le verrons ultérieurement, là se trouve paradoxalement une des clés de l'instabilité monétaire et financière internationale.

L'INTERCONNEXION FINANCIÈRE

Depuis la crise financière, les autorités de régulation cherchent à cerner comment, lorsqu'un choc brutal

---

13. Voir par exemple Carola Frydman et Raven E. Saks, « Executive Compensation : A New View from a Long-Term Perspective, 1936-2005 », *The Review of Financial Studies,* vol. 23, n° 5, 2010, p. 2099-2138. Aux États-Unis, les rémunérations des PDG des firmes américaines au début des années 1950 n'étaient que 50 fois plus élevés que le salaire moyen.

frappe une des banques systémiques, des effets de domino catastrophiques peuvent propager ce choc à l'ensemble du système financier. Le CSF a ainsi développé toute une méthodologie à partir des bilans et des hors-bilans des banques. La mise au point de cette méthodologie a été laborieuse et très peu de résultats ont été jusqu'à présent publiés faisant référence explicitement aux banques systémiques. La seule étude qui, à notre connaissance, va dans ce sens est celle de l'Autorité bancaire européenne (ABE)[14] qui reprend la méthode et les critères du CSF. Le document, publié le 29 septembre 2014, établit pour la première fois un tableau des indicateurs permettant de situer le risque systémique des plus grandes banques européennes, *cette fois-ci nommément désignées*[15].

Mais cette étude a des limites claires, car les banques allemandes en sont absentes ! En voici l'explication par un porte-parole de l'ABE : « Les autorités allemandes ont décidé de se conformer partiellement aux délais de mise en œuvre, ce qui signifie qu'elles ne participeront

---

14. L'ABE est une autorité indépendante de l'Union européenne dont le rôle est de garantir un niveau de règlementation et de surveillance prudentielles efficace et cohérent dans l'ensemble du secteur bancaire européen. Elle rend des comptes au Parlement européen, au Conseil européen de l'Union européenne et à la Commission européenne.

15. Voir le document intitulé « EBA Publishes Indicators from Global Systemically Important Institutions (G-SIIs) », 29 septembre 2014.

pas à l'exercice couvrant les données 2013, mais qu'elles seront complètement en règle à compter de 2015[16]. » Il ne faut donc pas s'étonner que l'analyse des interconnexions entre banques systémiques n'en soit qu'à ses balbutiements[17]. D'autant plus qu'aucun travail équivalent à celui de l'ABE n'a été réalisé pour les banques systémiques américaines ou pour les banques des autres pays.

Ajoutons à ces déficiences une considération plus large et plus capitale. Ces travaux, centrés sur des indicateurs purement « quantitatifs » ne tiennent absolument pas compte des interconnexions de type « institutionnel », qui sont nombreuses. C'est pourtant la voie indispensable qu'il faut emprunter pour comprendre la position dominante des banques systémiques sur les grands marchés de la finance globalisée. Engageons-nous dans cette voie, étape par étape.

---

16. Pour cette déclaration, voir Amélie Laurin, « Le classement des banques systémiques en Europe réserve des surprises », *L'Agefi*, 1er octobre 2014.

17. On doit cependant noter ici l'important travail sur les liaisons financières réalisé par Stefano Battiston *et al.*, « Debt Rank : Too Central to Fail ? Financial Networks, the Fed and Systemic Risk », *Scientific Reports*, 2 août 2012. Dans ce document, on démontre la très forte connexité financière créée par le réseau des liaisons financières (parts de capital) entre les plus grandes banques du monde. Pour les auteurs, ce type de liaisons augmente le risque systémique du système financier.

Regardons d'abord les interconnexions financières entre banques systémiques. Celles-ci se sont profondément transformées depuis le déclenchement de la crise, notamment au sein des marchés dits « interbancaires ».

Ces marchés sont principalement ceux du Libor (*London interbank offered rate*), de l'Euribor (*Euro interbank offered rate*) et/ou du Tibor (*Tokyo interbank offered rate*)[18]. Ils sont réservés aux seules banques; leur nom indique le lieu où ils se tiennent; leur objet est l'échange d'actifs financiers de court terme, avec des échéances s'étalant entre un jour et un an. Ce sont des marchés de gré à gré où les banques traitent et négocient librement entre elles. L'offre émane des banques qui ont des liquidités disponibles, qu'elles prêtent aux banques qui ont des besoins de financement.

Ces marchés ont été fortement freinés au plus fort de la crise financière en raison de la perte de confiance des banques entre elles. Ces marchés n'ont pas encore retrouvé la vigueur qu'ils connaissaient avant la crise. Les scandales qui ont frappé ces marchés ont sans doute joué un rôle supplémentaire dans leur affaissement relatif. Plusieurs banques systémiques ont été mises en cause et condamnées pour ententes frauduleuses. Nous y reviendrons, mais n'est-ce pas là une preuve évidente

---

18. Pour une approche plus précise du contenu de ces taux d'intérêt, voir plus bas, p. 69.

d'interconnexions supplémentaires, mais cachées, porteuses elles aussi de risques systémiques ?

L'étude précitée de l'ABE donne des indications précises pour l'année 2013 à propos des « actifs intrafinanciers » et des « passifs intrafinanciers » des 13 banques systémiques européennes. Ces grandeurs de bilan sont censées éclairer la connexion de ces banques à leur seul milieu financier dans une sorte de cercle fermé n'affectant pas directement l'économie réelle, d'où le préfixe « intra ». En moyenne, nous avons calculé sur la base des données de l'ABE que l'impact de ces relations a occupé 12 à 13 % de leurs totaux de bilan, ce qui révèle déjà une interconnexion significative.

Cela dit, derrière ces liens, il est encore plus intéressant d'examiner les phénomènes de dépendance. Une banque systémique peut être dépendante de son milieu par un surinvestissement financier (excès significatif de l'actif intrafinancier sur le passif intrafinancier), et c'est très nettement le cas des quatre banques britanniques ; ou bien, à l'inverse, elle peut être dépendante par son besoin de financement (excès significatif du passif intrafinancier sur l'actif intrafinancier) et c'est, de façon plus frappante encore, le cas des quatre banques françaises. Tout se passe comme s'il y avait une relation de dépendance réciproque, directe ou indirecte, entre le bloc des banques systémiques anglaises, d'une part, et le bloc des banques systémiques françaises, d'autre part. Voilà une connexité non mise en évidence jusqu'à présent et qui ajoute, par leur présence même, un niveau supplémentaire au risque systémique lié à ces banques[19].

Nous venons d'examiner l'interconnexion des banques systémiques à travers leur bilan, abordons-les maintenant à travers leur hors-bilan. Il s'agit maintenant pour nous de savoir en quoi des montants élevés de produits dérivés établissent des connexions entre les banques qui accroissent le risque systémique (l'effet domino). L'élément-clé de l'analyse est ici la valeur notionnelle des produits dérivés. Cet indicateur est mis en avant aussi bien par le CSF que par l'ABE. Dans sa publication du 29 septembre 2014, ce dernier a également dévoilé les encours notionnels de ces produits pour les 13 banques systémiques européennes (sauf pour la Deutsche-Bank comme nous l'avons vu). Nous renvoyons le lecteur au tableau 3, déjà commenté, pour un accès aux données plus complètes relatives aux banques systémiques.

La BRI estime régulièrement qu'un peu plus de 90 % des échanges de produits dérivés sont réalisés entre

---

19. Le journal financier *L'Agefi* avait cependant relevé la situation particulière des banques françaises : « Les groupes français se distinguent aussi par leur haut degré d'interconnexion, notamment avec les autres institutions financières, que ce soit en termes d'actifs (prêts, titres...), de passifs (dépôts et autres engagements) ou de titres émis (dette et capital). » (Amélie Laurin, *loc. cit.*) On peut voir aussi dans ces résultats un effet de la politique des gouvernements dans la défense de leurs « champions nationaux » bancaires.

«institutions financières»[20]. Autrement dit, il n'y a qu'une très faible proportion de ces échanges qui servent directement à la couverture de risques pour les acteurs de l'économie réelle que sont, par exemple, les entreprises. Or, nous avons déjà appris que ces «institutions financières» sont les banques systémiques elles-mêmes, puisque ce sont elles qui détiennent les encours de produits financiers dérivés. Ceci est déjà un indice de l'existence d'une interconnexion périlleuse.

Derrière l'opacité des échanges de gré à gré relatifs aux produits dérivés, deux catégories de produits se dégagent pour expliquer les phénomènes de contagion dus aux interconnexions qu'elles créent. Il s'agit, d'une part, des produits structurés[21] et, d'autre part, des dérivés de crédit.

Un bon exemple de produits structurés est les obligations adossées à des actifs (en anglais CDO, pour *collateral debt obligation*) qui ont joué un rôle important lors de la dernière crise financière. S'ils en ont été à l'origine, c'est bien parce que ces produits étaient représentatifs

---

20. Pour l'année 2010, ce serait, par exemple, 93 %. Voir BRI, «Positions in Global Over-the-Counter (OTC) Derivatives Markets at End-June 2010», Triennial and Semiannual Surveys, novembre 2010.

21. Un produit structuré est une combinaison de plusieurs produits financiers ou instruments financiers comportant *a minima* un produit dérivé, destiné à un but bien identifié de couverture ou de spéculation.

(et donc structurés par) d'autres titres, d'autres obligations qui pouvaient être elles-mêmes des CDO. Il s'est ainsi créé des chaînes (des CDO de CDO) parfois longues, dont il suffisait qu'un des maillons fasse défaut pour que l'ensemble s'écroule. Ce qui advint.

Les dérivés de crédit (en anglais CDS, pour *credit default swap*) fournissent également un bon exemple de risque systémique. Comme tout produit dérivé, un dérivé de crédit est une assurance contre un risque particulier : le défaut (ou la faillite) de celui qui a émis une dette, généralement sous forme d'obligation. Quand Lehman Brothers a fait faillite en 2008, il y a eu un déclenchement des CDS relatifs à la dette de cette banque. Les sommes appelées ont été alors énormes (175 milliards de dollars dans ce cas) et ont mis en péril l'émetteur des CDS (le groupe financier AIG qui a dû être aidé directement par l'État américain).

La chute d'une très grande banque comme Lehman Brothers aurait ainsi pu être à l'origine de l'effondrement complet du système bancaire international, par le jeu en cascade de déclenchements successifs de CDS[22].

---

22. Pour approfondir cette question on pourra se reporter à Banque de France, «Les produits dérivés de gré à gré: nouvelles règles, nouveaux acteurs, nouveaux risques», *Revue de la stabilité financière,* n° 17, avril 2013, p. 139. Les auteurs constatent que l'activité sur les CDS est concentrée sur un petit groupe de banques internationales qu'ils qualifient de «super propagateurs», étant donné leur niveau élevé d'interconnexion.

Ce risque n'a été contenu que par l'aide massive du gouvernement américain. Les États ont-ils aujourd'hui la capacité d'injecter des sommes aussi colossales en cas de faillite bancaire ? Nous ne le croyons pas. Ils sont exsangues. Les politiques économiques montrent tous les jours à quel point il est difficile de trouver ne serait-ce que quelques milliards pour limiter les déficits publics.

Les produits dérivés apparaissent ainsi comme le plus important vecteur de l'interconnexion financière des banques, et donc comme le principal facteur de fragilisation du système en cas de choc.

L'INTERCONNEXION INSTITUTIONNELLE

Nous entrons, avec l'analyse institutionnelle, dans un domaine ignoré par les régulateurs internationaux (CSF, ABE, Comité de Bâle, notamment) ou par les économistes quantitativistes pour qui seules les réalités que l'on peut chiffrer relèvent de l'économie. Mais si l'on considère l'économie comme une science sociale, ce qui est notre point de vue épistémologique, il faut aussi prendre au sérieux les réalités institutionnelles, lieux par excellence où des pouvoirs asymétriques peuvent se concentrer[23].

---

23. Nous adoptons ici une position qui commence à émerger grâce à des universitaires de renom. Voir, en particulier, le travail critique essentiel de Steve Keen, *L'imposture économique*, Ivry-sur-Seine, Les éditions de l'Atelier, 2014 ; ou encore celui de Thomas Piketty qui,

Le tableau 5 nous expose la façon dont s'organisent les pouvoirs internes de cinq institutions internationales à l'intérieur desquelles s'exprime la volonté de l'oligopole dans la défense de ses intérêts dans le monde de la finance globalisée. On constate, sans surprise, que les représentants des banques systémiques sont majoritaires dans les organes dirigeants de chacune d'elles.

Ces institutions sont des organisations professionnelles essentiellement dévouées à la défense de l'intérêt collectif du secteur bancaire. C'est l'image qui est légitimement défendue par leurs membres. Cela dit, au-delà de ces considérations générales, plusieurs traits particuliers de ces organisations doivent retenir notre attention :

– elles sont, toutes les cinq, à vocation internationale ; dans ces conditions, les banques dont l'activité est transnationale (ce qui est le cas des banques systémiques) se voient forcément mieux défendues ;

– les membres du conseil d'administration ne siègent pas *intuitu personae,* mais en tant que représentant de personnes morales ; à chaque fois, les sièges sont

---

dans la conclusion de son important ouvrage, fustige le courant *mainstream* actuel : « Trop longtemps, les économistes ont cherché à définir leur identité à partir de leurs supposées méthodes scientifiques. En réalité, ces méthodes sont surtout fondées sur un usage immodéré des modèles mathématiques, qui ne sont souvent qu'une excuse permettant d'occuper le terrain et de masquer la vacuité du propos. » (Thomas Piketty, *op. cit.*, p. 946.)

Tableau 5

Interconnexion entre les banques systémiques :
liens institutionnels (au 20/10/2014)

	Présence dans les conseils d'administration (CA)				
	GFMA	IIF	ISDA	AFME	CLS Bank
Barclays	—	—	—	—	—
BNP Paribas	—	—	—	*	—
Citigroup	—	—	—	—	—
Credit Suisse	—	—	—	—	—
Deutsche Bank	—	—	—	—	—
Goldman Sachs	—	*	—	—	—
HSBC	—	—	—	—	—
JPMorgan Chase	*	—	—	—	—
Société Générale	—	—	*	—	—
UBS	—	—	—	—	—
UniCredit	—	—	—	—	—
Bank of America	—	—	—	—	—
Bank of New York Mellon	—	—	—	—	—
Mitsubishi UFJ FG	—	—	—	—	—
Mizuho Bank Ltd	—	—	—	—	—
Morgan Stanley	—	—	—	—	—

Royal Bank of Scotland	1				
Standard Chartered	1		1		
Bank of China	1		1		
BBVA			1		
Crédit Agricole	1				
Nordea	1				1
State Street					1
ING	1			1	
Wells Fargo	1				
Sumitomo Mitsui	1				
Nombre de sièges au CA	**22**	**18**	**17**	**17**	**15**
Autres banques	8	16	5	5	9
Total général de sièges au CA	**30**	**34**	**22**	**22**	**24**

* Président du conseil d'administration.
GFMA : Global Financial Markets Association.
IIF : Institute of International Finance.
ISDA : International Swaps ans Derivatives Association.
AFME : Association for Financial Markets in Europe.
CLS Bank : Continuous Linked Settlement System Bank.

Le tableau se lit d'abord verticalement : il indique comment les banques systémiques sont présentes, comme personnes morales, dans les conseils d'administration de chacune des cinq institutions professionnelles. Il se lit ensuite horizontalement, où l'on voit comment certaines banques, les plus grandes, sont davantage « interconnectées » que d'autres.

Sources : sites web de ces organismes.

occupés par le principal dirigeant ou l'un des principaux dirigeants des banques ;

– la majorité de chacun de ces conseils d'administration est tenue par les banques systémiques, comme le démontre clairement la lecture verticale du tableau 5 ;

– pour quatre de ces institutions, la présidence du conseil est détenue par une banque systémique.

Les interconnexions institutionnelles sont ici de deux ordres. Dans chaque institution (lecture verticale), une majorité impressionnante de sièges au conseil d'administration revient à des banques systémiques ; cette présence leur permet non seulement une concertation au plus haut niveau des affaires qui peuvent les concerner, mais surtout d'exercer, grâce à la majorité des voix, un pouvoir certain dans la défense de leurs intérêts propres (c'est-à-dire ceux des banques systémiques).

Mais le tableau 5 offre également une autre vision (lecture horizontale des interconnexions) qui permet de repérer, dans le panel des 28 banques systémiques, celles dont la présence dans les institutions est la plus grande : 11 de ces grandes banques siègent dans toutes les institutions et une autre seulement dans 4 d'entre elles. Elles se répartissent de la façon suivante :

– 4 sont américaines (Bank of America, Citigroup, Goldman Sachs et JPMorgan Chase) ;

– 4 appartiennent à la zone euro (BNP Paribas, Deutsche Bank, Société Générale et Unicredit) ;

– 2 sont britanniques (Barclays et HSBC);
– 2 sont suisses (Credit Suisse et UBS).

On ne serait pas exhaustif si on ne précisait également que, parmi ces 12 banques, 4 d'entre elles jouent un rôle encore plus éminent car elles président un des conseils d'administration: JPMorgan Chase, HSBC, Société Générale et BNP Paribas.

Dans la défense de leurs intérêts les plus généraux, certaines banques systémiques sont ainsi plus actives que d'autres. Il faudra tenir compte de cette hiérarchie de type institutionnel lorsque nous tenterons, un peu plus loin, d'isoler le noyau de l'oligopole bancaire mondial.

Pour compléter le tableau, il nous semble important de dire quelques mots sur chacune de ces institutions.

La Global Financial Markets Association (GFMA) bénéficie de la plus forte représentation des banques systémiques à son conseil (22 sièges sur 30). Cela peut se comprendre, car sa mission est en outre « de fournir un forum pour les banques d'importance systémique au niveau mondial afin de développer des politiques et des stratégies sur des questions d'intérêt mondial dans l'environnement réglementaire[24] ». Tous les grands sujets concernant les banques systémiques sont abordés: Bâle III[25], les pratiques commerciales, les produits

---

24. Voir www.gfma.org/about.
25. Les accords de Bâle III sont des propositions de réglementation bancaire publiées en décembre 2010 par le Comité de Bâle, qui réunit les principales banques centrales de la planète. Ces proposi-

dérivés, le marché des changes, les questions de titrisation, de *trading* et, d'une façon plus générale, tout ce qui touche à la réglementation. Notons que l'institution s'est penchée de très près sur la taxe sur les transactions financières (TTF) internationales, connue sous le nom de taxe Tobin, en s'efforçant de démontrer les effets nocifs d'un tel impôt sur l'économie, les retraités et les entreprises. Ses interlocuteurs sont les grandes autorités régulatrices, notamment le CSF. Plusieurs sujets de préoccupation leur sont soumis : les différents dispositifs de Bâle III qu'il faudrait rendre facultatifs ou sinon reporter dans le temps ; les produits dérivés dont il faudrait éviter des réglementations contradictoires ; ou encore le *shadow banking*[26], dont il serait nécessaire d'identifier et de hiérarchiser les acteurs.

L'Institute of International Finance (IIF) est la véritable tête pensante de la finance globalisée et des plus grandes banques internationales. L'institut se présente

---

tions visent à modifier le montant des fonds propres des banques afin de leur assurer une meilleure solidité financière suite à la crise de 2007-2008.

26. Le *shadow banking* peut se définir comme le système d'intermédiation du crédit impliquant des entités et des activités se trouvant potentiellement à l'extérieur des systèmes bancaires régulés, autrement dit d'y réaliser des transactions de manière à ne pas figurer sur les bilans conventionnels et à ne pas être visible pour les régulateurs. Pour une approche plus approfondie, voir Esther Jeffers et Dominique Plihon, « Le *shadow banking system* et la crise financière », *Cahiers Français,* n° 375, juin 2013.

comme « une source indépendante de recherche économique et financière mondiale[27] ». Il fournit une évaluation périodique de l'économie globalisée en accordant une attention particulière aux principales économies émergentes, aux flux de capitaux et à l'évolution des marchés financiers internationaux. Il se veut également le leader du secteur des services financiers sur les questions réglementaires mondiales. Il est en discussion permanente avec les organismes mondiaux de normalisation, et avec, selon son expression, les « décideurs politiques ». Ses membres participent à une dizaine de groupes de travail avec un nombre impressionnant de sous-comités. Là aussi, tous les grands sujets de la finance sont abordés. Une attention toute particulière est apportée aux questions définissant le capital réglementaire et les liquidités des banques dans un dialogue qui se veut continu avec le Comité de Bâle[28]. Soulignons que l'un de ces comités s'intéresse de très près à la gestion du risque souverain où il s'agit d'organiser « la prévention et la résolution des crises financières dans les économies de marché émergentes et matures » et, plus précisément, « d'engager des discussions avec le secteur

---

27. Voir www.iif.com/about.
28. Le président de l'IIF a un statut officiel, reconnu, l'habilitant de droit à parler au nom des grandes banques. On pourrait dire que l'IIF est le parlement des banques, son président a quasiment le rang d'un chef d'état. Il fait *de facto* partie des grands décideurs mondiaux.

public sur l'évolution du cadre de la restructuration des dettes souveraines ».

L'International Swaps and Derivatives Association (ISDA) fédère plus de 800 membres répartis dans 64 pays. Ces membres comprennent une vaste gamme de participants au marché des produits dérivés *over-the-counter* (OTC) : entreprises, gestionnaires de placements, sociétés d'assurance, de l'énergie et des matières premières, banques internationales et régionales ; il faut y ajouter des cabinets d'avocats, des cabinets comptables et d'autres fournisseurs de services. Ses principaux objectifs : « construire des marchés financiers stables et un cadre solide de réglementation financière[29] », mais aussi favoriser « les marchés dérivés sûrs et efficaces pour faciliter la meilleure gestion des risques pour tous les utilisateurs de produits dérivés ». Un des attributs essentiels du comité de décision est de se prononcer factuellement, comme arbitre réel, sur des événements de crédit afin de décider si ceux-ci peuvent ou non déclencher les fameux dérivés de crédit. On rappelle au lecteur que les CDS sont, en théorie, des assurances vendues pour se prémunir contre les risques encourus par le défaut de paiement d'une dette. Le risque en question se matérialise lorsque des intérêts ne sont pas versés ou lorsqu'une dette arrivée à échéance n'est pas remboursée. Par exemple, suite à l'annonce de la restructuration

---

29. Voir www2.isda.org/about-isda/mission-statement.

de la dette grecque, l'ISDA a mis trois jours pour savoir si cela déclencherait ou non les CDS. Finalement, la décision (cornélienne) de ne pas les déclencher a dû, ô hasard, soulager plusieurs banques systémiques, lesquelles se seraient trouvées dans l'obligation de verser des milliards aux détenteurs de CDS.

L'Association for Financial Markets in Europe (AFME) a été créée en novembre 2009. Elle est la porte-parole des plus grandes banques mondiales et européennes sur les marchés financiers de gros en Europe[30]. L'association s'enorgueillit de jeter «un pont entre les grands acteurs des marchés financiers, les responsables politiques, les régulateurs et le public[31]». La base de son travail se réalise dans 16 comités, qui touchent à l'ensemble des questions qui peuvent se poser à la profession bancaire européenne. Il s'agit d'offrir une seule voix pour défendre les intérêts de ces banques au niveau national, au niveau de l'Union européenne, mais aussi au niveau mondial. Deux sujets sont discutés en ce moment : la titrisation et l'équivalent de la taxe Tobin, la TTF. Le moyen d'aborder ces questions ? Par «un dialogue constructif avec les régulateurs et les décideurs

---

30. Voir infra le tableau 8 et son commentaire. Les plus grandes banques jouent en effet le rôle de premiers intermédiaires (*primary dealers*) sur ces marchés où il s'agit pour elles de revendre de grandes quantités de titres financiers pour le compte de ceux qui les émettent.

31. www.afme.eu/About/Mission.aspx

politiques en offrant une expertise technique des produits et des marchés».

La CLS Bank, à la différence des institutions précédentes, joue un rôle opérationnel fondamental sur le marché des devises, qui est, de loin, le plus grand marché financier du monde. Lancée en 2002, la CLS Bank rationalise et standardise les opérations de change des diverses devises. Elle participe ainsi à la réduction des coûts de ces opérations. Pendant la crise financière durant laquelle plusieurs marchés se sont plus ou moins bloqués, le marché des changes a continué de fonctionner sans interruption grâce aux opérations de la CLS Bank. Les principaux partenaires de la CLS Bank sont «les banques centrales, les banques commerciales, les petites et les grandes entreprises et le secteur de la gestion de fonds[32]». Elle exploite actuellement le plus vaste système de règlement en espèces multidevise auquel toutes les banques participent. Grâce à cette position centrale, CLS Bank peut fournir mensuellement des informations uniques sur le marché des changes. Ajoutons enfin que la CLS Bank est une banque privée de droit américain, détenue par 75 des plus grandes banques mondiales. Chacune y possède la même part et donc le même nombre de voix. Soulignons que les 28 banques systémiques y sont actionnaires, ainsi que 7 de leurs filiales. De quoi leur assurer une influence déterminante sur les

---

32. www.cls-group.com/Pages/default.aspx

orientations et la gestion de cette institution singulière, ce qui est bien vérifié quand on regarde la composition du conseil d'administration (15 sièges sur 24, voir le tableau 5).

Des positions dominantes

L'exposition des connexions financières et institutionnelles nous donne une idée forte des relations qui se nouent entre les banques systémiques. La présentation factuelle de ces liens reste cependant insuffisante si on en ignore les motifs profonds. Certes, personne ne contestera l'utilité et la légitimité des organisations professionnelles, au niveau national comme international. Il est utile de connaître ses rivaux et même de pouvoir travailler avec eux lorsqu'il s'agit de défendre des intérêts en commun (interconnexions institutionnelles), ou encore d'être leurs partenaires pour conclure des opérations de marché (interconnexions financières).

Mais ce réseau institutionnel sert un objectif autrement plus important : permettre à ces grandes banques de mieux connaître leurs concurrents afin d'acquérir la capacité d'influencer les prix touchant la monnaie (notamment taux de change et taux d'intérêt), condition essentielle pour obtenir des gains encore plus grands. Cet objectif ultime est partagé par toutes les banques systémiques, il est même une cause importante de leur existence. La recherche d'une position dominante sur le marché demeure en effet le moyen par excellence d'assouvir le désir de contrôler les prix. Pour y arriver, une banque doit accroître sa taille de telle façon que la part de marché qu'elle possède dans les échanges donne, de fait, la possibilité d'influencer la formation du prix. Certes, plusieurs banques peuvent agir de même, de sorte que malgré tout, la concurrence demeure parfois rude. C'est pourquoi les plus grands intervenants, qui possèdent cette capacité d'action sur les prix, ressentent tous le besoin de s'observer mutuellement afin que la concurrence des autres géants ne réduise pas à néant cette maîtrise. Les connexions institutionnelles facilitent cette observation. Ces relations d'interdépendance réciproques sont le propre d'acteurs oligopolistiques. On retrouve ainsi la définition de l'oligopole que nous avions donnée dans l'introduction de cet ouvrage[33].

---

33. Nous faisons ici l'hypothèse que ces marchés ont une structure finalement « classique ». Nous savons que la littérature sur la microstructure de ces marchés (voir par exemple Richard K. Lyons, *The Microstructure Approach to Exchange Rates,* Cambridge, The MIT Press, 2001) a cherché à démontrer qu'ils ne sont pas régis de la manière conçue par la théorie microéconomique classique, mais par un petit nombre de *dealers* gérant les ordres des participants. Il serait alors assez naturel que cette poignée de banques ait des parts de marché écrasantes. Or, le fait de déléguer à ces intermédiaires le fonctionnement même de ces marchés est très nuisible, car ils sont sujets à de graves conflits d'intérêts: ils vont jouer en même temps le rôle de

Partant de ce constat, on peut montrer que les banques systémiques occupent des positions dominantes sur plusieurs marchés fondamentaux de la finance globale : le marché des changes, les marchés interbancaires, les principaux marchés obligataires, là où se forment les taux d'intérêt, et enfin les marchés financiers où se pratiquent les activités de *trading*.

Examinons tout d'abord le marché des changes. Ce dernier est considéré comme le plus grand des marchés financiers du monde. Sur une année, le volume des échanges représente environ 30 fois la valeur du PIB mondial. Chaque jour, directement ou indirectement, des millions d'intervenants réalisent des opérations de change.

Le tableau 6 nous livre une information précise sur la part prise par plusieurs banques systémiques dans les échanges sur ce marché : la majorité de ces échanges est initiée par quatre de ces banques seulement. Cette proportion s'élève à 80 % si on considère la proportion des échanges faits par les dix premiers intervenants. Ces derniers sont tous, sans exception, des banques systémiques.

On peut conclure que la formation des taux de change des devises librement convertibles relève à l'évidence de l'action d'acteurs oligopolistiques mondiaux.

---

dealers et de participants, ce qui explique finalement que l'on retrouve sur ces marchés des phénomènes d'ententes propres aux structures oligopolistiques.

Tableau 6
La position dominante des banques systémiques sur le marché des changes
(parts de marché*, 2013)

Deutsche Bank	15,2 %
Citigroup	14,9 %
Barclays	10,2 %
UBS	10,1 %
Sous-total	**50,4 %**
HSBC	
JPMorgan Chase	
Royal Bank of Scotland	30,0 %
Credit Suisse	
Morgan Stanley	
Bank of America	
Total	**80,4 %**

* La part de marché représente le pourcentage des échanges réalisés par une banque sur ce marché. Le volume des échanges sur le marché des changes était, en septembre 2014, d'environ 5 980 milliards de dollars par jour et concernait 17 devises convertibles.

Source: CLS Bank et analyses de Greenwich Associates.

En va-t-il de même pour la formation des taux d'intérêt? De façon schématique, on peut distinguer deux grandes catégories de taux d'intérêt. Ceux, à court terme, qui relèvent principalement des banques centrales et du marché interbancaire, puis ceux, à moyen et long terme, qui se forment sur les marchés obligataires.

Les taux d'intérêt les plus courts, notamment «au jour le jour», ne concernent pas directement les acteurs de l'économie réelle. Ils sont régis par les rapports tout à fait spécifiques et exclusifs entre une banque centrale et les banques de sa zone monétaire, notamment lorsque ces dernières veulent accéder à la «monnaie centrale», les billets par exemple. Quelques-uns de ces taux sont largement dans la main de la banque centrale. Celle-ci, c'est connu, fixe elle-même ses «taux directeurs». Toutefois, la plupart des taux courts sont des taux de marché qui dépendent principalement de relations directes entre les banques.

Les principaux taux d'intérêt des marchés interbancaires sont ceux du Libor, de l'Euribor et du Tibor, taux que nous avons déjà mentionnés précédemment lors de l'examen des interconnexions financières entre banques systémiques. Mais nous devons ici ajouter une autre dimension à l'analyse. Pour chacun des taux concernés, un panel de banques désignées à l'avance doit en effet annoncer les taux qui ont été pratiqués par elles la veille; ces taux servent alors de référence pour les échanges qui auront lieu le lendemain. Ces annonces jouent évidemment un rôle tout à fait déterminant dans la formation des taux d'intérêt. Or, pour le Libor, l'Euribor et le Tibor, la majorité des banques qui composent ces panels appartiennent au cénacle des banques systémiques. Voyons cela de plus près en prenant l'exemple du Libor, qui, au sein de la finance globale, est de loin le marché interbancaire le plus important.

En attente d'une réforme, consécutive au scandale dont nous parlerons plus loin, le Libor produit une estimation des taux d'intérêt sur le marché interbancaire londonien. Il n'existe pas, en réalité, un seul taux Libor, mais très exactement 150 pour 10 devises : dollar américain (USD), livre sterling (GBP), yen (JPY), franc suisse (CHF), dollar canadien (CAD), dollar australien (AUD), couronne danoise (DKK), dollar néo-zélandais (NZD), couronne suédoise (SEK) et euro (EUR) ; et pour 15 maturités (1 jour ou *overnight*, 1 semaine, 2 semaines, 1 mois, 2 mois, 3 mois, etc., jusqu'à 12 mois). La référence la plus observée est le dollar Libor 3 mois.

Organisée par la British Bankers' Association (BBA), et publiée par Reuters, la liste des taux du Libor résulte du calcul d'une moyenne qui consiste à retirer les estimations les plus élevées et les estimations les plus faibles[34]. Prenons l'exemple du dollar, la devise la plus

---

34. La question que la BBA pose à chaque banque du panel est la suivante : « À quel taux emprunteriez-vous de l'argent, si vous deviez en faire la demande et que vous deviez accepter une offre, pour une taille raisonnable, avant 11 heures ? »

scrutée au sein du Libor. Un panel de 18 banques participe à l'élaboration des taux d'intérêt. Chaque jour, on retire les 4 estimations les plus basses et les 4 plus hautes. La moyenne qui sera publiée est construite sur la portion des 10 banques restantes. Ce qui nous intéresse ici, c'est la composition du panel de banques participantes à la construction de cette moyenne : elle est donnée par le tableau 7.

Or, ce panel est dominé par 14 banques systémiques. Comment ne pas voir dans cette présence massive une capacité réelle d'exercer une influence sur la formation du taux d'intérêt du Libor-USD ? Ces banques, en tout cas, se trouvent *de facto* en position dominante sur ce marché interbancaire, dont personne ne doute de l'importance pour l'ensemble des intervenants des marchés monétaires et financiers. Ce marché intervient en effet sur le niveau de la liquidité bancaire, il sert donc de référence pour un nombre très important de produits financiers.

Un raisonnement analogue est également valable pour les marchés obligataires, là où se forment les taux d'intérêt à moyen et long terme. Comme précédemment, nous allons concentrer notre attention sur les marchés les plus importants, en sachant que des résultats semblables peuvent être obtenus pour les autres.

L'émission d'obligations peut être le fait d'acteurs assez différents : les grandes entreprises, les banques, les États, les collectivités locales, etc. Pour accéder aux

Tableau 7
Taux d'intérêt à court terme, Libor-dollar :
panel des 18 banques participantes
(2013)

Banques systémiques	Autres banques
Bank of America	Norinchukin Bank
Bank of Tokyo-Mitsubishi	Royal Bank of Canada
Barclays	Rabobank
BNP Paribas	Lloyds Banking Group
Citibank	
Crédit Agricole	
Credit Suisse	
Deutsche Bank	
HSBC	
JPMorgan Chase	
Société Générale	
Sumitomo Mitsui BC	
Royal Bank of Scotland	
UBS	

Source : « Qu'est-ce que le taux Libor ? Définition et méthode de calcul », http://financedemarche.fr/finance/quest-ce-que-le-taux-libor-definition-methode-de-calcul.

ressources financières dont ils ont besoin, ces acteurs peuvent émettre des obligations sur ce que l'on appelle le marché primaire (ou marché du neuf). Pour connaître le taux d'intérêt des obligations à l'émission, il faut prendre comme référence le taux qui se forme sur le marché secondaire (ou marché de l'occasion). Car, quelle que soit sa durée de vie, une obligation une fois émise sur le marché primaire peut, dès le lendemain, être vendue sur le marché secondaire selon son offre et sa demande. La valeur d'une obligation fluctue par conséquent et son rendement (rapport de l'intérêt versé sur la valeur telle qu'elle ressort du marché secondaire) varie également. C'est la raison pour laquelle les taux d'intérêt sont dits variables au sein de ces marchés globalisés.

Quand une entreprise décide d'émettre des obligations, elle fait appel à un ensemble de banques dénommé, dans le jargon de la finance, le « syndicat bancaire de l'émission », avec en son sein un chef de file sélectionné par l'émetteur. Ce syndicat a pour rôle de faciliter le placement des obligations auprès d'investisseurs financiers. De fait, ces syndicats bancaires sont pratiquement toujours composés de banques systémiques.

Cela dit, quand l'émetteur est l'État d'un grand pays, il convient d'avoir à l'esprit les réalités suivantes :

– le volume des émissions obligataires est souvent imposant dans la mesure où tous les grands pays connaissent des déficits budgétaires substantiels ; il faut, en outre, rembourser des dettes qui arrivent régulièrement à échéance ;

– les États-Unis, le Japon, la Grande-Bretagne et les plus grands pays européens font tous ainsi appel au marché obligataire émettant, *pour chacun d'eux,* l'équivalent de plusieurs centaines de milliards de dollars annuellement ;

– les plus importants d'entre eux sont les marchés américains et allemands. Les références qu'auscultent en permanence les analystes financiers sont les taux d'intérêt qui se forment sur le marché secondaire de ces deux pays pour des obligations ayant une durée de vie de dix ans ;

– ajoutons enfin que ces marchés obligataires sont dits aussi « marché de la dette publique ». En effet, depuis que les banques centrales sont devenues indépendantes des États[35], la seule voie de financement pour ces derniers est l'appel au marché obligataire. Toute dette publique est, dès lors, composée à peu de chose près d'obligations[36].

---

35. Une banque centrale est dépendante d'un État lorsqu'elle est contrainte de financer son déficit budgétaire par l'émission d'une nouvelle monnaie (planche à billet). Mais, très généralement, les conditions de cette création monétaire (volume et taux d'intérêt) sont encadrées par le Parlement.

36. Quand un État ne peut plus faire appel au marché financier en raison de taux d'intérêt trop élevés sur le marché secondaire, il fait en général appel à des prêts du Fonds monétaire international (FMI). Dans les cas de la Grèce, de l'Irlande et du Portugal, au moment de la dernière crise financière, ces pays ont fait également appel aux prêts européens, en plus du FMI.

En raison de l'importance de ces appels de fonds, les États ne recourent pas à la formule des syndicats bancaires qu'il faudrait sinon renouveler en permanence (parfois chaque semaine!). Ils préfèrent faire appel à des panels de banques stables. Ces panels sont donc composés de grandes banques, appelées *primary dealers,* dont la vocation est de placer, comme leur nom l'indique, les obligations des États sur les marchés primaires.

Le tableau 8 nous donne, pour quatre pays (les États-Unis, le Royaume-Uni, l'Allemagne et la France), la liste actuelle des *primary dealers*. (Il est possible de se procurer des listes équivalentes pour d'autres pays européens en allant sur le site internet de l'Association for Financial Markets in Europe [AFME].) À l'examen de ces panels, plusieurs conclusions se dégagent :

– cette liste est composée d'une vingtaine de banques, exception faite de l'Allemagne qui fait appel à de nombreuses banques régionales de son pays ;

– la lecture verticale du tableau fait état très clairement de la présence d'une majorité de banques systémiques dans chacun des panels. Cette proportion est particulièrement forte en France et au Royaume-Uni, puis aux États-Unis et enfin, loin derrière, en Allemagne ;

– la lecture horizontale du tableau nous donne une vision précieuse des banques systémiques les plus actives dans ces panels. Parmi elles, 13 banques systémiques sur les 21 présentes font partie simultanément des 4 panels

Tableau 8
Taux d'intérêt à moyen et long terme sur le marché des dettes publiques :
panel des *primary dealers**
(année 2014)

Banques systémiques	États-Unis	Royaume-Uni	Allemagne	France
Bank of America	×	×	×	×
Barclays	×	×	×	×
BBVA			×	
BNP Paribas	×	×	×	×
BPCE		×	×	×
Citigroup	×	×	×	×
Crédit Agricole			×	×
Credit Suisse	×	×	×	×
Deutsche Bank	×	×	×	×
Goldman Sachs	×	×	×	×
HSBC	×	×	×	×
ING			×	
JPMorgan Chase	×	×	×	×

Mitsubishi UFJ FG			
Mizuho FG	×		
Morgan Stanley	×	×	×
Nordea		×	
Royal Bank of Scotland	×	×	×
Santander		×	×
Société Générale	×	×	×
UBS	×	×	×
Total banques systémiques	**14**	**16**	**20**	**16**
Autres banques	8	5	18	3
Total *primary dealers*	**22**	**21**	**38**	**19**

* Ces banques sont les seules à jouer le rôle d'intermédiaire entre les États et les investisseurs financiers qui désirent se procurer des titres de dettes publiques.

Sources : AFME/Primary Dealer Member; Federal Reserve, Agence France Trésor.

présentés : 5 américaines, 3 britanniques, 3 appartenant à la zone euro et les 2 banques suisses.

Avec la composition des panels de *primary dealers*, nous sommes au cœur d'une relation complexe qui lie les États et l'oligopole bancaire. Nous reviendrons un peu plus loin sur cette relation. Retenons ici, une fois encore, la position dominante de plusieurs banques systémiques, en particulier de 13 d'entre elles, dans l'intermédiation entre les États et les très grands marchés financiers où se forment et s'accumulent les dettes publiques.

Nous terminons cette présentation des positions dominantes des banques systémiques en examinant leurs positions dans les activités de *trading*. Rappelons que le *trading*, ou opérations de négoce, a pour objet des opérations d'achats et de ventes sur différents types d'actifs (exemples : actions, obligations, dérivés) pour de très courtes durées ayant pour finalité la réalisation d'un profit. Les opérations de *trading* ont le plus souvent un caractère spéculatif. Elles sont le fait d'un opérateur appelé *trader* qui les négocie à partir de la salle des marchés d'une institution financière. Cette activité est pratiquée à l'aide d'un ordinateur ou d'un réseau d'ordinateurs, le plus souvent en utilisant ce que l'on appelle « l'analyse technique », qui a pour but avéré la prévision des tendances et des signes de retournements de tendance, grâce à l'analyse de graphiques et d'outils mathématiques appropriés.

Depuis quelques années, s'est développé le *trading* à haute fréquence. Grâce à des ordinateurs de plus en plus rapides et puissants, le *trading* n'est confié qu'à des logiciels et des algorithmes ayant des temps de réponse extrêmement brefs et qui s'accaparent désormais la majorité des ordres en bourse. La vitesse des transactions prend une importance croissante. Les échanges s'effectuent en millième de seconde. En 2012, la part des transactions lancées par des robots avait atteint en moyenne 50 % des volumes[37]. Déjà, en novembre 2011, plus de 90 % des ordres de bourse sur le marché européen étaient émis par des *traders* haute fréquence. Ajoutons que ce *trading* porte de plus en plus sur le marché des changes, le plus grand marché du monde. La part des transactions au comptant (38 % des transactions mondiales) réalisées par des robots a bondi de 9 à 35 % entre 2008 et fin 2013.

Les plus grandes banques sont très actives en matière de *trading*. Elles cherchent également à favoriser le *trading* à haute fréquence en développant des « places de marché internes » ou *dark pools* (places de l'ombre). Gérées directement par les plus grandes banques à travers des filiales, ce sont des places de marché de gré à gré opaques où l'anonymat des investisseurs est garanti. Fin juillet, la Securities and Exchange Commission (SEC),

---

37. Jeffrey G. MacIntosh, « High Frequency Traders : Angels or Devils ? », *C.D. Howe Institute Commentary,* n° 391, octobre 2013.

police de la bourse américaine, ainsi que d'autres autorités américaines, ont demandé des comptes à UBS et à la Deutsche Bank suite à des pratiques douteuses visant à favoriser des firmes de *trading* à haute fréquence sur leurs places de marché internes. On leur reproche en général d'avoir assuré à des clients que les *traders* à haute fréquence seraient maintenus à l'écart de leur *dark pool* alors qu'on n'a rien fait pour les empêcher d'y accéder, ou encore d'avoir favorisé certains clients lors de la transmission de leurs ordres alors que la banque prétendait le contraire

Ce rappel à l'ordre est symptomatique du fait que le *trading* haute fréquence est devenu la nouvelle mine d'or des plus grandes banques internationales.

Le tableau 9 nous donne des indications précieuses sur l'activité de plusieurs banques systémiques en matière de *trading*, ainsi que sur les profits qu'elles peuvent en retirer. Les données de ce tableau sont extraites d'une étude de Standard & Poors, publiée en mai 2014 et relative à un échantillon de 15 banques, dont 13 systémiques. Le choix de ces banques n'est pas dû au hasard. Il s'agit des banques qui réalisent le plus gros volume d'activités de *trading* sur la planète. Les chiffres de la première colonne donnent la part relative de chaque banque rapportée à la totalité de l'activité de *trading* de l'échantillon. C'est donc une façon de mesurer le degré de concentration de cette activité et, par

Tableau 9

Le poids relatif des banques systémiques dans les activités de *trading*
(échantillon de 15 banques, année 2013)

Banques systémiques	Part de marché relative*	Pourcentage de revenus de la banque
JPMorgan Chase	14,60 %	20 %
Citigroup	11,80 %	21 %
Goldman Sachs	10,50 %	42 %
Bank of America	9,80 %	15 %
Deutsche Bank	9,20 %	30 %
Morgan Stanley	7,50 %	32 %
Credit Suisse	7,40 %	36 %
Barclays	7,20 %	22 %
HSBC	5,00 %	11 %
UBS	4,40 %	20 %
BNP Paribas	4,00 %	11 %
Société Générale	3,50 %	16 %
Royal Bank of Scotland	2,30 %	11 %
Autres banques	2,80 %	
Total des activités de *trading*	**100,00 %**	

* La part de marché relative représente ici le pourcentage des échanges (en valeur) d'une banque par rapport à la totalité des activités de *trading* des banques de l'échantillon.

Source : Standard & Poor's, « Delving Deeper into Global Trading Banks' Risks and Rewards: A Study of Public Disclosures », Global Credit Portal, 22 mai 2014.

conséquent, le rapport des forces entre les intervenants sur ce marché.

L'activité des cinq banques américaines domine de loin le panel puisque, à elles seules, elles détiennent 54,2 % des parts de l'activité de *trading* de l'échantillon. Suivent ensuite les trois banques de la zone euro (16,7 %), les trois banques britanniques (14,5 %), et enfin les deux banques suisses (11,8 %). Il faut également noter que les revenus de cette activité représentent une part substantielle des profits des banques. En 2013, pour ce panel de banques, cette part s'est élevée en moyenne à 22 %. On retrouve la même hiérarchie des banques dans ces résultats. Les banques américaines ont réalisé en moyenne 26 % de leurs résultats dans cette activité, avec un record pour Goldman Sachs à 42 %; puis viennent les banques de la zone euro (19 %), les britanniques (15 %) et les suisses (6 %).

Ajoutons que la presse financière a particulièrement salué les résultats des banques américaines dans ce secteur d'activité particulier du *trading* et notamment la performance de Goldman Sachs, lesquels prouvent mieux que quiconque le rebond de ces activités[38]. Toutes ont surpassé les prévisions, accroissant leur profit en fin d'année dans une fourchette de 19 à 100 % sur un an.

---

38. Voir l'article de Lucie Robequain, « Les banques américaines en pleine forme grâce aux activités de *trading* », *Les Échos,* 18 juillet 2013.

Bank of America a généré, au deuxième trimestre de l'année 2013, près de 1 milliard de dollars de bénéfices via le négoce d'actions, d'obligations, de matières premières et de devises. C'est presque deux fois plus que l'année précédente. Certes, les banques n'ont pas retrouvé, tant s'en faut, leur rentabilité d'avant-crise : ainsi, le rendement des capitaux propres de Goldman Sachs s'est situé autour de 10 %, contre plus de 40 % en 2006.

En tout cas, l'influence des plus grandes banques systémiques, et notamment américaines, sur les activités de *trading* est évidente. Cette position dominante sur cette activité est un élément supplémentaire qui confère à ces banques une dimension oligopolistique.

Résumons les principaux constats. Les banques systémiques occupent des positions dominantes sur plusieurs marchés fondamentaux de la finance globale. Pour chacun de ces marchés, un petit nombre de banques de grande taille sont en capacité d'influencer la formation des prix en raison du degré de concentration de leur intervention sectorielle. Ces banques sont, par conséquent, en position oligopolistique. Nous en déduisons que toute banque systémique fait partie de l'oligopole[39]. Mais cette appartenance n'est pas homogène,

---

39. Mais l'inverse n'est pas forcément vrai. Un nombre très limité de banques, sans être systémiques, peuvent occuper marginalement des positions oligopolistiques à côté des grandes banques systémiques. Il en est ainsi de trois banques : Rabobank, Lloyds Bank et Royal Bank of Canada.

certaines sont plus actives et influentes que d'autres. L'étude de ses positions a fait apparaître à plusieurs reprises une hiérarchie forte entre ses membres. Nous vérifierons dans la seconde partie de cet ouvrage qu'il existe bien un « noyau » au sein de l'oligopole bancaire.

Pour mieux se convaincre de l'appartenance des banques systémiques à l'oligopole, il suffit de rappeler les liens d'interdépendance qui ont été mis en évidence. Les interconnexions financières sont en effet nombreuses, soit à travers leurs actifs ou passifs intrafinanciers, soit à travers la logique de connectivité que créent certains produits financiers comme les CDO ou les CDS. À cela s'ajoutent les interconnexions institutionnelles qui apparaissent également essentielles : à travers elles, se définit en effet l'intérêt collectif des banques systémiques. Cet intérêt peut être une source de conflit potentiel avec les pouvoirs publics qui défendent souvent des intérêts plus généraux. La tentation des plus grandes banques est alors, nous le verrons un peu plus loin, de vouloir assujettir à leurs intérêts les autorités publiques qui doivent, en principe, réguler l'empire de la finance.

Ce qu'il nous faut maintenant évaluer, ce sont les risques potentiellement majeurs que fait peser sur l'économie et la société une telle concentration de pouvoir.

Deuxième partie

Une dictature dévastatrice

Les grandes banques que nous avons étudiées forment l'oligopole bancaire mondial. Celui-ci domine les grands marchés monétaires et financiers. C'est pour nous maintenant un fait établi. Il nous reste à en concevoir la signification économique, sociale et politique. Peut-on imaginer aujourd'hui un oligopole qui soit aussi puissant que celui-ci ? Nous ne le pensons pas. Pour deux raisons précises : d'une part, aucun autre secteur d'activité n'a cette puissance d'action transversale, si décisive pour l'ensemble de l'économie, et ce, en raison du rôle que les banques jouent dans le financement des entreprises ; d'autre part, les banques ne sont pas des entreprises comme les autres, car elles possèdent un pouvoir unique et exorbitant : la capacité de créer de la monnaie.

De constitution très récente, cet oligopole dispose de pouvoirs financiers et monétaires considérables. Or, cette puissance a un envers terrible : la capacité réelle de déstabiliser la planète entière par ses dérives. Ces dernières ont commencé à être perceptibles à partir du début des années 2000. D'abord avec l'octroi de crédits *subprimes,* qui se sont révélés totalement scandaleux tout en étant à l'origine de la dernière crise économique mondiale. Puis, avec les ententes frauduleuses entre banques, qui se sont multipliées au sein des plus grands marchés monétaires et financiers. Ces banques, faut-il s'en étonner, ont succombé à la tentation d'abuser de leur position dominante pour obtenir des profits supplémentaires.

Le résultat est dévastateur. Non seulement l'économie planétaire est toujours plongée dans la crise qui a démarré en 2007, non seulement les banques systémiques ont engrangé frauduleusement des profits considérables au détriment de tous les autres acteurs économiques et, en particulier, des citoyens, mais surtout les États se retrouvent aujourd'hui à la fois surendettés et otages de cet oligopole bancaire. N'est-ce pas là une des raisons essentielles de la crise du politique et de la démocratie dans les pays les plus développés ? Les parlements, de nos jours, ne semblent en effet exister que pour représenter la nécessité dans laquelle se trouveraient les peuples à s'adapter aux rigueurs que leur imposent les banques.

Cette situation est plus que préoccupante : elle est inacceptable ! Elle exige que l'on porte une attention extrême à la façon de sortir du guêpier dans lequel la planète s'est fourvoyée. Pour le faire, on tentera d'abord de mettre en lumière les causes qui ont favorisé la globalisation des marchés monétaires et financiers ainsi que l'émergence, en parallèle, de l'oligopole bancaire. Ce qui nous conduira alors à revenir sur les principales dispositions qui ont entraîné la libéralisation de la sphère financière. Nous verrons qu'au terme de cette analyse, la question monétaire est centrale pour trouver une des voies de sortie de crise crédible face à la situation délétère à laquelle les citoyens de cette planète que nous sommes sont confrontés.

L'oligopole, facteur d'instabilité systémique

Un oligopole peut abuser de sa position dominante sur un marché de deux façons différentes.

D'abord, un des membres de l'oligopole peut, indépendamment des autres, user de sa force pour fixer ses conditions, comme infléchir les prix par exemple, bref, fausser délibérément la concurrence. Dans ce cas de figure, il n'est pas exclu que plusieurs membres de l'oligopole agissent de la même façon, par mimétisme. Le scandale des *subprimes* que nous allons rappeler brièvement plus bas relève de cette première catégorie.

L'autre façon d'abuser de sa puissance pour un oligopole est plus directe : il s'agit d'établir des ententes entre ses membres. Ces entente peuvent porter sur les prix des produits – c'est le cas général –, mais elles peuvent aussi, par exemple, définir des conditions restrictives pour l'entrée sur un marché, interdisant de fait l'arrivée d'un nouvel intervenant. Par la suite, nous allons vérifier que le scandale du marché des changes et le scandale des marchés interbancaires découlent de telles ententes frauduleuses sur les prix. Quant à l'un des scandales survenus sur le marché des produits dérivés, celui des CDS, il relève d'ententes mettant en place des pratiques restrictives à l'entrée de ce marché.

L'examen de ces scandales révèle des pratiques condamnables, car elles contreviennent aux règles économiques élémentaires. Mais ce sont là les dérives classiques d'un oligopole. Le cas qui nous préoccupe, celui d'un oligopole de « banques systémiques », a des conséquences bien plus lourdes. Lorsque les dérives de l'oligopole des banques sont graves, la probabilité que survienne une crise économique de grande amplitude n'est plus à exclure. Avec le recul du temps, on pourra observer que de telles crises se sont bien produites dès la formation de l'oligopole bancaire, au milieu des années 1990.

I

La crise des *subprimes*, on le sait, a plongé les États-Unis, puis le reste du monde, dans un profond marasme économique. Certes, les dégâts ont été considérables – et continuent de l'être –, pourtant le scandale se trouve ailleurs. Il tient à ce qui s'est passé durant les années 2000, avant le déclenchement de la crise en 2007. Ce sont les condamnations récentes de la justice américaine qui en ont révélé la teneur.

Deux types d'infractions sont à l'origine des amendes infligées par la justice américaine. Les amendes les plus lourdes sanctionnent les banques qui ont sciemment octroyé des crédits hypothécaires à des ménages dont elles savaient parfaitement qu'ils ne pourraient pas les rembourser[1]. L'autre type d'infraction sanctionnée concerne les investisseurs financiers, ceux qui ont acheté les titres financiers (CDO) représentatifs de ces crédits hypothécaires. La Federal Housing Finance Agency (FHFA) a ainsi reproché à 17 établissements, dont nombre de banques européennes, d'avoir trompé Freddie Mac et Fannie Mae – les deux sociétés de refinancement hypothécaire américaines – sur la qualité des titres adossés à des créances hypothécaires résidentielles qu'ils leur ont vendus entre 2005 et 2007. Bref, les banques revendaient des produits qu'elles savaient avariés.

---

1. C'est le cas, par exemple, de l'amende infligée à Citigroup. L'Attorney General Eric Holder, dans un communiqué publié le 14 juillet 2014, déclarait : « Malgré le fait que Citigroup ait eu connaissance de défauts de paiement graves et généralisés des prêts de plus en plus risqués qu'elle titrisait, la banque et ses employés ont caché ces défaillances. » (« *Subprimes :* Citigroup paie 7 milliards de dollars à Washington », *La Tribune,* 14 juillet 2014.)

Le tableau 10 fait la comptabilité de ces amendes[2] au 29 octobre 2014. Les enquêtes de la justice américaine n'ont en effet débouché que très récemment sur des condamnations, de sorte que les amendes payées en 2013 et 2014 l'ont été pour des faits qui remontent souvent à environ une dizaine d'années. D'autres amendes sont attendues, car les enquêtes se poursuivent et de nouvelles actions en justice sont actuellement engagées. Par exemple, le 2 octobre 2014, la justice américaine a autorisé une action de groupe (*class action*) contre la banque JP Morgan Chase, accusée par un groupe d'investisseurs de les avoir trompés sur la qualité de produits financiers adossés à des crédits immobiliers *subprimes*.

L'ampleur de ces fraudes se reflète dans le montant astronomique des amendes que les banques fautives ont dû payer, et l'élément-clé qui les a permises nous semble évident. Il tient à l'image internationale des banques systémiques, à la confiance que leur taille confère aux produits qu'elles vendent, puis au contrôle que la nature oligopolistique de ces banques leur permet d'exercer sur le marché des produits dérivés et des prêts hypothécaires. Seules ces conditions expliquent l'existence d'un

---

2. Cette comptabilité est *a minima*. D'une part, il est très difficile de rassembler toute l'information sur les amendes payées dans les différents États américains : certaines estimations indiquent que le montant de ces amendes dépasserait les 100 milliards de dollars. Par ailleurs, d'autres amendes sont attendues dans les prochains mois.

Tableau 10
Crise des *subprimes* :
amendes payées* par les banques systémiques
(au 29/10/2014, en milliards de dollars)

JPMorgan Chase	18,0
Bank of America	16,7
Citigroup	7,0
HSBC	2,5
Morgan Stanley	2,5
Deutsche Bank	1,4
Goldman Sachs	1,4
UBS	1,2
Credit Suisse	0,9
Wells Fargo	0,3
Barclays	0,3
Royal Bank of Scotland	0,2
Société Générale	0,1
Total	**52,3**

* Ces amendes ont été payées « pour solde de tout compte » sans que l'on sache précisément les montants qui ont été considérés comme frauduleux.

Sources : « *Subprimes* : Bank of America va payer une amende record de 17 milliards de dollars », *Le Monde*, 21 août 2014 ; Pierre-Yves Duga, « Amende record pour JPMorgan Chase pour solder l'affaire des subprimes », *Le Figaro*, 20 novembre 2013 ; Antoine Landrot, « Bank of America paye les *Subprime* au prix fort », *L'Agefi*, 22 août 2014.

tel marché de prêts à hauts risques (*subprime*) (les prêts hypothécaires non solvables octroyés à des ménages à faibles revenus), et seule cette mainmise sur le monde de la finance explique la constitution d'un luxuriant marché de produits dérivés de ces dettes, dont les émetteurs savaient qu'ils étaient toxiques.

II

Les scandales sur les marchés interbancaires (Libor, Euribor et Tibor) relèvent d'une autre logique. On peut les qualifier juridiquement « d'ententes en bande organisée », un acte également passible de condamnation. Rappelons que ces taux d'intérêt servent de référence pour des milliers de milliards de dollars de produits financiers, qu'il s'agisse de crédit à la consommation, de prêts immobiliers, de prêts étudiants ou encore d'obligations à taux variable (voir plus loin).

C'est le *Wall Street Journal* qui a, le premier, mis en lumière en mai 2008 l'existence d'une telle entente en affirmant que diverses banques auraient maintenu artificiellement bas le Libor pour ne pas apparaître vulnérables ou pour engranger des bénéfices. Quelques jours plus tard, c'était au tour du *Financial Times* de s'emparer du sujet avant certains médias français et suisses comme *Le Monde* ou *Le Temps*.

Ce n'est cependant qu'en décembre 2011 que la banque suisse UBS a décidé de signaler l'entente frauduleuse, espérant ainsi bénéficier de la clémence des autorités en échange de sa coopération. Cette reconnaissance apparaît dans le rapport annuel de la banque du 9 février 2012 : « l'UBS a reçu une immunité conditionnelle de la part d'autorités de plusieurs juridictions [...] concernant d'éventuelles violations des lois antitrust ou sur la concurrence » en lien avec le Libor. Mais cela n'empêchera pas la banque suisse d'être condamnée, dix mois plus tard, par le régulateur britannique, la Financial Services Authority (FSA)[3].

Toutefois, le scandale du Libor n'apparaîtra véritablement au grand jour qu'en juin 2012, lorsque les autorités américaine et britannique infligeront une amende à Barclays (voir le tableau 11), la banque admettant avoir manipulé le Libor durant la crise financière, plus exactement entre 2005 et 2009. Les amendes vont alors s'enchaîner avec les mêmes motifs : pour Royal Bank of Scotland en février 2013, pour Rabobank en octobre 2013, et pour Lloyds en juillet 2014.

Entretemps, en mars 2013, Freddie Mac porte plainte contre 11 grands groupes bancaires ou financiers et contre la BBA. En octobre 2013, c'est Fannie Mae qui, à son tour, dépose une plainte à l'encontre de 9 grandes

---

3. La FSA note dans son communiqué que « les manipulations étaient débattues dans un forum de discussion interne et par [courriel], et qu'elles étaient de ce fait amplement connues ». (Julien Mivielle, « Libor : UBS condamnée à 1,5 milliard US d'amende », *La Presse*, 19 décembre 2012.)

Tableau 11

Première manipulation en bande organisée des taux d'intérêt
par les banques systémiques : le scandale du Libor

Période de fraude 2005-2011	Amendes déjà payées* (en millions de dollars)	Plaintes en cours d'instruction déposées		
		par Freddie Mac** (mars 2013)	par Fannie Mae** (nov. 2013)	par FDIC (mars 2014)
Banques systémiques				
Barclays	460,0	×	×	×
RBS	618,3	×	×	×
UBS	1 464,0	×	×	×
Credit Suisse		×	×	×
Deutsche Bank		×	×	×
Bank of America		×	×	×
Citigroup		×	×	×
JPMorgan Chase		×	×	×
HSBC				×
Société Générale				×
Bank of Tokyo-Mitsubishi		×		×

Autres institutions financières		
WestLB		×
Norinchukin Bank	×	×
Royal Bank of Canada	×	
Rabobank	1 063,5	×
Lloyds	359,7	×
BBA	×	×
Total	**3 965,5**	

* Ces amendes ont été payées dans le cadre d'enquêtes menées par le département de la Justice américaine et par le régulateur britannique de la Financial Conduct Authority (FCA).

** À cause de la crise des *subprimes*, ces deux entités appartiennent depuis septembre 2008 à la Federal Housing Finance Agency (FHFA) contrôlée par le gouvernement américain.

FDIC : Federal Deposit Insurance Corporation, un des régulateurs américains.

Sources : Nate Raymond et Aruna Viswanatha, « U.S. Regulator Sues 16 Banks for Rigging Libor Rate », Reuters, 14 mars 2104 ; Bob Van Voris, « BofA, Citigroup, Credit Suisse Sued by FDIC over Libor », Bloomberg, 15 mars 2014.

banques mondiales (voir le tableau 11). Ces organismes parapublics de refinancement hypothécaire accusent ces établissements de leur avoir causé des centaines de millions de dollars de pertes en manipulant le marché lors de la fixation du taux interbancaire Libor (plus exactement du Libor USD)[4].

Enfin, la Federal Deposit Insurance Corp (FDIC), l'agence fédérale de garantie des dépôts bancaires aux États-Unis, a annoncé en mars 2014 avoir porté plainte contre 16 banques, accusant ces dernières d'avoir manipulé de façon concertée le taux du Libor à leur avantage, mais au détriment de 38 banques américaines de petite et moyenne taille. Les faits, qui se seraient déroulés du mois d'août 2007 jusqu'à « au moins mi-2011 », auraient causé à ces banques « d'importantes pertes », selon les termes de leur plainte. Certaines d'entre elles ont d'ailleurs fait faillite depuis, selon la FDIC[5].

Les ententes entre banques systémiques ne se sont pas limitées au seul marché interbancaire du Libor, elles se sont étendues à l'Euribor et au Tibor. Plusieurs grandes banques ont reconnu devant la Commission européenne l'existence d'une telle entente. Elles ont été condamnées à des amendes d'un montant total de 1,7 milliard d'euros en décembre 2013 (voir le tableau 12).

---

4. Voir «Scandale du Libor : Fannie Mae poursuit neuf banques en justice», *Le Monde,* 31 octobre 2013.

5. «La FDIC porte plainte contre 16 banques dans le dossier du Libor», Reuters France, 14 mars 2014.

Tableau 12

Deuxième manipulation en bande organisée des taux d'intérêt par les banques systémiques :
le scandale de l'Euribor et du Tibor (en millions d'euros)

Période de fraude 2005-2009	Amendes déjà payées			Plaintes en cours
	Euribor	Tibor	Total	
Deutsche Bank	466	259	725	
Royal Bank of Scotland	131	260	391	
Société Générale	446		446	
Barclays	*			
UBS		*		
Citigroup		70	70	
Crédit Agricole				x
JPMorgan Chase		80	80	x
HSBC				x
Total			**1 712**	

* Banque ayant participé à l'entente, mais qui a dénoncé la fraude auprès de la Commission européenne. C'est la Commission européenne qui a infligé les amendes et qui poursuit actuellement les enquêtes.

Sources : « Manipulation des taux interbancaires : amendes records pour plusieurs banques », *Le Monde*, 4 décembre 2013 ; « Manipulation de taux : Crédit Agricole, HSBC et JPMorgan dans le collimateur de Bruxelles », *La Tribune*, 20 mai 2014.

Il aura fallu, pour aboutir à cette condamnation, deux ans d'enquête. Comme souvent dans ces affaires, rien n'aurait pu être prouvé s'il n'y avait pas eu une « coopération » de l'un des participants à ces ententes. À l'origine, ce sont en effet Barclays, pour l'entente sur l'Euribor, et UBS, pour le Tibor, qui sont venus dénoncer auprès de la Commission européenne ces ententes dont ils avaient largement profité. En vertu de la procédure dite de « clémence » en vigueur à l'échelle européenne, qui protège les repentis, les deux banques ont échappé à toute amende pour l'Euribor et le Tibor (et non pour le Libor, comme nous l'avons vu)[6]. Grâce aux informations de ces deux banques, les fonctionnaires européens ont pu mettre à jour une vaste stratégie de manipulation entre 2005 et 2008 pour l'Euribor et entre 2007 et 2010 pour le Tibor[7].

Il n'est, en outre, pas exclu que d'autres amendes suivent. L'enquête continue sur l'Euribor autour du rôle

---

6. Voir la note de la Commission : « On Immunity from Fines and Reduction of Fines in Cartel Cases », *Official Journal,* C 298, 8.12.2006, p. 17.

7. Voir deux excellents articles à ce sujet : Renaud Honoré, « Scandale Euribor : Bruxelles inflige une amende record à six banques », *Les Échos* du 4 décembre 2013 ; et Alexandre Garabedian, « Le scandale de l'Euribor franchit un palier », *L'Agefi,* 5 décembre 2013, où il est écrit : « UBS et Barclays ont ainsi évité des amendes respectives de 2,5 milliards d'euros et 690 millions, pour leurs tentatives de manipulation du Libor yen et de l'Euribor, en se dénonçant à Bruxelles aux dépens de leurs camarades. »

du Crédit Agricole, HSBC, et JPMorgan Chase qui ont refusé de coopérer. Bruxelles a donc ouvert à leur encontre une procédure de sanction dite « normale », où aucune clémence ou ristourne n'est à espérer en cas de condamnation. Joaquín Almunia, l'ancien commissaire à la Concurrence, a prévenu de « la détermination de la Commission à lutter contre ces cartels dans le secteur financier ». Plusieurs autres enquêtes du même type sont en effet engagées par la Commission européenne (sur les indices pétroliers, les produits dérivés de taux d'intérêt libellés en francs suisses, ou encore le marché des CDS).

Plus impressionnante encore est la manipulation du marché des changes « en bande organisée ». Comme nous l'avons vu (se reporter au tableau 6 et sa note), les volumes échangés sont très importants sur ce premier marché mondial des capitaux. Les manipulations ont été uniquement le fait de banques systémiques. Pour l'instant, six banques ont été condamnées et deux autres font toujours l'objet d'enquêtes[8].

Fait remarquable : les amendes sont tombées le 12 novembre 2014, mais cette fois-ci dans une coordination totale entre quatre régulateurs internationaux. Une vraie première ! Nous avons rassemblé, dans le tableau 13, l'ensemble des amendes infligées à la fois par le régulateur britannique (Financial Conduct Authority

---

8. Deutsche Bank et Barclays.

[FCA]), les deux régulateurs américains (Commodity Futures Trading Commission [CFTC] et Office of the Comptroller of the Currency [OCC]) et le régulateur suisse (Autorité fédérale de surveillance des marchés financiers [FINMA]). Est-ce l'amorce d'une coopération de régulateurs financiers dans la lutte contre l'oligopole des banques systémiques ?

Revenons au marché des changes. On sait depuis juin 2013, grâce à l'agence Bloomberg, que des *traders* de certaines des plus grandes banques du monde se sont entendus chaque jour pendant dix ans au moins – via, notamment, des services de messageries instantanées – pour manipuler le WM/Reuters, c'est-à-dire le taux de référence du marché des devises[9]. Le caractère crapuleux de ses pratiques a été confirmé de façon indiscutable par les sanctions qui ont frappé ces *traders*. En attendant d'autres amendes, car il y en aura, rappelons que les six banques systémiques ici visées font partie des dix banques qui détiennent 80 % des parts de ce marché gigantesque (voir le tableau 6 de cet ouvrage).

---

9. Voir Christine Lejoux, « Quel modèle économique pour l'agence bancaire de demain ? », *La Tribune,* 14 novembre 2014. Le WM/Reuters est un taux de change calculé toutes les heures pour 158 monnaies, en faisant la médiane des transactions réalisées sur les marchés pendant une période de 60 secondes.

Tableau 13
Manipulation en bande organisée du marché des changes
par les banques systémiques
(amendes en millions de dollars, novembre 2014)

	FCA	CFTC	OCC	FINMA	Total
Bank of America			25		25
Citigroup	358	31	35		424
JPMorgan Chase	352	31	35		418
HSBC	343	275			618
RBS	344	29			373
UBS	371	29		139	539
Barclays	*				
Deutsche Bank	*				
Total	**1 768**	**475**	**95**	**139**	**2 397**

* Banques faisant l'objet d'enquêtes.
FCA : Financial Conduct Authority
CFTC : Commodity Futures Trading Commission
OCC : Office of the Comptroller of the Currency
FINMA : Autorité Fédérale de surveillance des marchés financiers

Sources : CFTC, « CFTC Orders Five Banks to Pay over $1.4 Billion in Penalties for Attempted Manipulation of Foreign Exchange Benchmark Rates », communiqué de presse, 12 novembre 2014 ; FCA, « FCA Fines Five Banks £1.1 Billion For FX Failings And Announces Industry-Wide Remediation Programme », communiqué de presse, 12 novembre 2014 ; OCC, « OCC Fines Three Banks $950 Million for FX Trading Improprieties », communiqué de presse, 12 novembre 2014 ; FINMA, « La FINMA constate des manipulations dans le négoce de devises chez UBS », communiqué de presse, 12 novembre 2014.

III

Ce n'est pas tout, car il y a aussi les ententes sur le marché des produits dérivés. Le 1er juillet 2013, la Commission européenne a annoncé qu'elle avait informé certaines des plus grandes banques (voir la liste sur le tableau 14) de ses conclusions préliminaires. Selon la Commission, ces banques ont enfreint les règles européennes de concurrence relatives aux ententes en s'accordant entre elles de 2006 à 2009 pour empêcher que d'autres acteurs financiers puissent participer à ce marché des dérivés de crédit (CDS)[10].

Pendant cette période, la Deutsche Börse et le Chicago Mercantile Exchange ont en effet essayé d'accéder au marché des dérivés de crédit. Ces sociétés se sont adressées à l'ISDA et à Markit[11] pour obtenir les licences nécessaires pour accéder aux données et indices relatifs à ces produits dérivés, mais, selon les constatations

---

10. Voir Commission européenne, «Antitrust : la Commission adresse une communication des griefs à 13 banques d'investissement, ISDA et Markit dans le cadre d'une enquête sur les contrats d'échange sur risque de crédit», communiqué de presse, 1er juillet 2013 ; voir également «UE : entente de 13 grandes banques sur le marché des CDS», *Le Monde du Chiffre*, 2 juillet 2013.

11. La société britannique Markit a été créée en 2001. Elle est spécialisée dans la fourniture de données boursières et plus particulièrement des indices de dérivés de crédit, dont elle gère la valorisation. Parmi ses principaux actionnaires figurent Bank of America, Deutsche Bank et Goldman Sachs.

Tableau 14
Manipulation en bande organisée du marché des produits dérivés
par les banques systémiques : entente entre celles-ci booquant l'accès au marché
(période concernée : 2006-2009)

Banques systémiques	Autres institutions
Bank of America	ISDA
Barclays BNP Paribas	Markit
BNP Paribas	
Citigroup	
Credit Suisse	
Deutsche Bank	
Goldman Sachs	
HSBC	
JPMorgan Chase	
Merrill Lynch	
Morgan Stanley	
Royal Bank of Scotland	
UBS	

C'est la Commission européenne qui mène actuellement les enquêtes. Elle poursuit ces banques depuis juillet 2003 pour entente sur le marché des *credit default swaps* (CDS).

Sources : Commission européenne et presse financière spécialisée.

préliminaires de la Commission, les banques qui contrôlent ces organismes (voir, pour l'ISDA, le tableau 5 de cet ouvrage) ont ordonné à ces derniers de n'accorder des licences que pour les négociations de gré à gré et non pour des opérations sur des marchés organisés[12].

Plusieurs de ces banques ont tenté, de surcroît, de bloquer les marchés organisés par d'autres moyens, en se coordonnant par exemple pour choisir leur chambre de compensation favorite. La Commission estime ainsi que les banques citées ont agi collectivement pour empêcher Deutsche Börse et le Chicago Mercantile Exchange d'accéder au marché des CDS parce qu'elles craignaient que les opérations sur ces plateformes ne diminuent les revenus obtenus en leur qualité d'intermédiaires sur le marché de gré à gré.

Une seconde entente sur le marché des produits dérivés a été dénoncée par la Commission européenne[13] le 21 octobre 2014. Celle-ci a estimé que quatre banques internationales, RBS, UBS, JPMorgan Chase et Credit

---

12. Dans un marché organisé, la chambre de compensation se substitue à chacune des parties, face à l'autre, en reprenant l'ensemble de ses obligations et, théoriquement du moins, en s'engageant à la bonne fin des opérations. Dans ce but, plusieurs mécanismes sont utilisés comme les dépôts de garantie et les appels de marge.

13. Voir Commission européenne, « Ententes : la Commission règle, par une procédure de transaction, l'entente relative aux écarts de cotation sur les produits dérivés de taux d'intérêt libellés en francs suisses et inflige à quatre grandes banques 32,3 millions d'euros d'amende », communiqué de presse, 21 octobre 2014.

Suisse, avaient participé à une entente concernant les écarts de cotation sur les produits dérivés de taux d'intérêt libellés en francs suisses dans l'Espace économique européen (EEE). Elle a infligé des amendes pour un montant total de 32,6 millions d'euros[14]. Les quatre banques ayant accepté de régler le litige par voie de négociation avec la Commission, elles ont bénéficié d'une réduction de 10 % de leur amende.

M. Joaquín Almunia, l'ancien vice-président de la Commission chargé de la concurrence, a déclaré à ce sujet :

> Contrairement aux cartels précédents que nous avons débusqués dans le secteur financier, celui-ci n'incluait pas de collusion concernant un taux de référence. Ici, les quatre banques se sont plutôt accordées sur un élément du cours de certains produits financiers dérivés. De cette manière, les banques impliquées pouvaient tricher avec le marché aux dépens de leurs concurrents. Les cartels dans le secteur financier, sous quelque forme que ce soit, ne seront pas tolérés.

Plus précisément, l'enquête de la Commission a montré qu'entre mai et septembre 2007, RBS, UBS, JPMorgan Chase et Credit Suisse ont décidé d'établir, pour tous les tiers, des écarts de cotation fixes plus larges

---

14. Aucune amende n'a été infligée à RBS, qui a bénéficié d'une immunité pour avoir révélé l'existence de l'entente à la Commission, échappant ainsi à une amende d'environ 5 millions d'euros pour sa participation à l'infraction.

sur certaines catégories de produits dérivés de taux d'intérêt de gré à gré à court terme libellés en francs suisses, tout en maintenant des écarts plus réduits pour leurs échanges mutuels. L'accord avait pour objectif de faire baisser les coûts de transaction supportés par les parties et de préserver la liquidité entre elles tout en cherchant à imposer des écarts plus importants aux tiers. Un autre objectif de l'entente était d'empêcher les autres acteurs du marché d'agir dans les mêmes conditions de concurrence que les quatre principaux acteurs sur le marché des produits dérivés libellés en francs suisses.

Tableau 15
Manipulation en bande organisée du marché des produits dérivés par les banques systémiques : entente sur les prix
(amendes en millions d'euros ;
période concernée : mai-septembre 2007)

Banques systémiques	**Amendes**
Credit Suisse	10,5
JPMorgan Chase	9,2
Royal Bank of Scotland*	0
UBS	12,6

* Cette banque n'a pas eu à payer d'amende, car elle a bénéficié d'une immunité pour avoir dénoncé les trois autres banques.
C'est la Commission européenne qui mène actuellement les enquêtes. Ces banques se sont entendues sur les écarts de cotation de produits dérivés de taux libellés en francs suisse.

IV

Prenons à présent un peu de recul par rapport à ces abus de l'oligopole bancaire. Les premières fraudes remontent, nous l'avons vu, au début des années 2000, avec l'octroi des crédits *subprimes*. Les pratiques frauduleuses des banques américaines relevaient, à cette époque, davantage de comportements de type individuel que de comportements collusifs.

Les pratiques d'entente semblent, de leur côté, s'être propagées un peu plus tard, à partir de l'année 2005 (et peut-être un tout petit peu avant sur le marché des changes). C'est en effet à partir de cette date que les taux des marchés bancaires (Libor, Euribor et Tibor) ont commencé à être manipulés de façon concertée par plusieurs banques systémiques. Les mêmes constats peuvent être faits pour les marchés de produits dérivés, dont il est avéré que les pratiques frauduleuses ont démarré en 2006. Ces manipulations ont duré au moins jusqu'en 2011, moment où la presse a commencé à les évoquer.

La question que pose cet ensemble de faits est la suivante : les sanctions tombées durant les années 2013 et 2014 ont-elles définitivement mis fin à ces abus de positions dominantes ? Ou bien faut-il voir dans l'oligopole bancaire mondial et sa constitution récente une structure de marché où de tels abus sont non seulement toujours possibles, mais pratiquement inévitables ? Comment, en effet, empêcher des *traders* de banques si puissantes et si peu nombreuses de communiquer réellement entre eux par tous les moyens possibles dès lors que des surprofits énormes sont en jeu ? Surprofits qui leur apportent également de généreux bonus ? Poser la question, c'est y répondre.

À ces éléments déjà inquiétants, il faut en ajouter un autre, tout à fait essentiel : les banques de l'oligopole sont les seules, en pratique, à proposer des produits dérivés, produits qui, tout en se faisant passer pour des produits de couverture, sont dans les faits des produits hautement spéculatifs. Leur taille, et l'appétit gargantuesque qu'elle suppose, sont ainsi un facteur décisif dans l'instabilité économique des dernières décennies. On ne compte plus, depuis leur généralisation au milieu des années 1990, le nombre de faillites ou de crises qui leur sont directement ou indirectement dues. D'un côté, en effet, ces produits peuvent être à la source de banqueroutes individuelles liées par exemple à l'un des *traders* (i). Et, lorsque des comportements mimétiques se propagent sur les marchés financiers, ces produits peuvent être à l'origine de crises systémiques, comme la dernière crise financière. Un très bref rappel s'impose ici (ii).

(i) La première affaire retentissante d'une entreprise liée aux produits dérivés est survenue en décembre 1993 avec la quasi-faillite du groupe industriel Metallgesellschaft. Ce groupe allemand a alors essuyé une perte de 2,63 milliards de deutsche marks suite à une stratégie de couverture (produits dérivés) très mal calibrée par le trésorier de l'entreprise. Un an après, le 6 décembre 1994, est survenue la faillite du comté d'Orange en Californie suite à une perte de 1,7 milliard de dollars engendrée par des produits dérivés de taux d'intérêt. Le 26 février 1995, c'est au tour de la banque Barings de faire faillite suite à une perte de 860 millions de livres en raison de produits dérivés de type contrat à terme sur l'indice Nikkei. Puis, en septembre 1998, c'est la fameuse faillite de Long Term Capital Management (LTCM), suite à une perte de 4,6 milliards de dollars, engendrée par des produits dérivés de type *swap* de taux d'intérêt.

Faisons un saut de dix ans pour rappeler quelques-uns des derniers scandales liés à ces produits. Le 24 janvier 2008, la Société Générale a porté plainte contre son *trader*, Jérôme Kerviel, suite à une perte de 4,9 milliards d'euros. Les pertes sont dues à des produits dérivés de type contrat à terme sur l'indice Dax (pour des positions de près de 50 milliards d'euros). C'est ensuite au tour de la banque suisse UBS, le 14 septembre 2011, de perdre près de 2,3 milliards de dollars, suite à des positions non autorisées et réalisées par l'un de ses *traders* londoniens, Kweku Adoboli, sur le marché des dérivés sur actions. C'est ensuite la banque JPMorgan Chase qui découvre, le 10 avril 2012, une perte de 6 milliards de dollars engendrée par un Français, Bruno-Michel Iksil, surnommé « la baleine de Londres », dont le total des positions sur le marché des dérivés de crédit CDS atteignait 100 milliards de dollars.

(ii) Plus grave encore : chacun s'accorde à reconnaître que les grandes crises apparues depuis le milieu des années 1990, suite notamment à la libéralisation des mouvements de capitaux, ont été considérablement aggravées par le jeu spéculatif des produits dérivés.

Les premières crises systémiques ont été celle du Mexique en 1994, puis de la Thaïlande en 1997. Dans ces deux pays, les crises ont été provoquées par des situations détériorées des balances de paiements, avec une sortie massive et spéculative de capitaux, rendue possible par la toute nouvelle libéralisation de ces mouvements. La crise thaïlandaise s'est étendue comme une traînée de poudre, par contagion, aux pays du Sud-Est asiatique qui avaient pourtant, dans l'ensemble, de bons fondamentaux économiques : Indonésie, Malaisie, Philippines, Corée du Sud, Taïwan, Singapour et Hong Kong.

Or, dans tous ces pays, les produits dérivés liés au marché à terme des devises ont eu pour conséquence de précipiter dramatiquement la crise des changes provoquée par la sortie des capitaux. Au lieu de déterminer la valeur à terme d'une devise en fonction de sa valeur au comptant, comme c'est normalement le cas, la valeur au comptant était fixée par la valeur à terme sur laquelle se formaient les anticipations des spéculateurs. Dans une telle situation, même de tout petits montants peuvent faire plonger brutalement une monnaie. Ce qui advint.

Les mêmes facteurs ont joué pour les crises brésilienne (1998), turque (2000) et argentine (2001). Pour ces pays émergents, le couplage de la libéralisation des mouvements de capitaux avec le jeu délétère des produits dérivés sur les marchés à terme a amplifié la crise qui a terrassé ces pays.

Prenons ensuite le krach de 2000-2001 aux États-Unis. Celui-ci s'apparente de prime abord à une crise boursière classique, avec un effondrement du cours des actions. On se rappelle pourtant que l'éclatement de ce qu'on a qualifié à l'époque de « bulle Internet » a été initié par des chutes spectaculaires d'actions, dont celle de la société américaine Enron. Mais on a un peu trop vite oublié que la débâcle de cette société a été liée à sa fuite en avant dans la production et la commercialisation de produits dérivés dans le secteur énergétique, avec notamment la complicité de plusieurs banques, dont JPMorgan Chase, qui a d'ailleurs été lourdement condamnée pour ses gestes[15].

La suite est mieux connue avec la crise des *subprimes*. Les produits dérivés sont apparus au grand jour comme de puissants accélérateurs de la crise, dans le cas des CDO, et comme des « armes de destruction massive[16] » pour ce qui est des CDS. Le risque de propagation systémique de ces derniers a été mis en lumière par la faillite de Lehman Brothers. Sans l'intervention instantanée de

---

15. JPMorgan Chase a été condamné à 135 millions de dollars d'amende. Voir Van Eylen Didier, « La fabuleuse histoire d'Enron », *Médiapart* (blog), 16 septembre 2011.

16. Selon l'expression devenue classique de Warren Buffet.

la Fed en septembre 2008, tout le système bancaire mondial s'effondrait comme un château de cartes.

Les produits dérivés, et notamment les contrats à terme, sont des produits dont l'histoire remonte loin dans le temps[17]. Mais lorsque ces produits se propagent dans une sphère financière globalisée, ce qui est la conséquence de la libération des marchés de capitaux, alors tout bascule : les risques qu'il convient de couvrir par ces produits, loin de s'amenuiser, deviennent endémiques. On l'a vu, ces produits ont d'abord joué un rôle catastrophique dans les crises de change en Asie, en Amérique latine et en Turquie. Ils ont même été à l'origine du krach boursier de 2001. Surtout, ils seront au cœur de la crise financière de 2007-2008.

L'amplitude de ce risque est bien entendu le reflet du caractère tout aussi global de la domination des banques systémiques. Acteurs devenus de dimension mondiale, ces banques se sont transformées dans les années 1990 en oligopole en raison des positions dominantes qu'elles occupaient sur les plus grands marchés monétaires et financiers. Cet oligopole s'est transformé à son tour en « oligopole systémique » dès lors que, depuis 2005, les banques qui le constituent ont abusé de leurs positions dominantes et que des ententes frauduleuses se sont multipliées.

---

17. En raison notamment du rôle qu'ils ont pu jouer pour la commercialisation de matières premières ou de produits agricoles.

Faut-il s'étonner, dans ces conditions, que face à cet oligopole systémique, si nouveau et si puissant, les États aient pu être dépassés, voire pris en otages ?

Les États, otages de
« l'oligopole systémique »

C'est à partir du mois d'août 2007 que les premiers signaux du caractère systémique de la dernière crise financière sont apparus clairement[18]. Parmi ceux-ci, on retrouve les dépenses pharaoniques engagées par les États pour sauver l'économie d'une déroute totale. Ainsi, très vite la crise a provoqué un phénomène inquiétant : l'incapacité des grands pays de la planète à maîtriser leur endettement public.

En effet, entre 2007 et 2011, la dette publique mondiale s'est accrue de 54 %, soit à un rythme annuel deux fois plus grand qu'avant la crise financière (voir le tableau 16). Il a fallu, à l'échelle mondiale, injecter des quantités phénoménales de capitaux publics pour

---

18. En effet, c'est à ce moment que BNP Paribas suspend trois fonds à la stupeur générale. Parvest Dynamics ABS, BNP Paribas ABS Euribor et BNP Paribas ABS Eonia ont perdu 23 % de leur valeur totale entre le 27 juillet et le 7 août, entraînant une chute du cours du groupe dirigé par Baudouin Prot et une inquiétude sur les marchés. La BCE a injecté alors un montant record (100 milliards d'euros) de liquidités dans le circuit monétaire pour calmer le jeu. Voir Richard Hiault, « 9 août 2007, début d'une crise mondiale toujours pas résolue », *Les Échos,* 9 août 2007.

Tableau 16
Les États face à l'oligopole systémique :
la rupture provoquée par la crise de 2007-2008
(en milliers de milliards de dollars)

	2003	2005	2007	2009	2011	2013
PIB mondial	37,8	46,0	56,2	58,4	70,8	73,5
Dette publique mondiale	23,6	26,4	30,0	37,5	46,3	51,8
Produits dérivés des banques systémiques	197,2	297,7	595,3	603,9	647,8	710,2

Sources : Banque mondiale, BIS Quaterly Review et The Economist.

recapitaliser les banques et surtout pour soutenir l'activité économique qui, pendant la même période, n'a progressé que de 26 %.

Il en a résulté un brutal accroissement du ratio de la dette publique sur le PIB. À l'échelle mondiale, celui-ci est passé de 53 % en 2007 à plus de 70 % en 2013. C'est dans les pays les plus développés que ces ratios sont devenus extrêmement élevés. Selon une étude récente de l'Organisation de coopération et de développement économiques (OCDE), ces rapports étaient les suivants à la fin de l'année 2013 : États-Unis, 111,7 % ; Japon, 243,3 % ; Royaume-Uni, 90,6 % ; Allemagne, 78,4 % ; France, 93,5 % ; Espagne, 93,5 % ; Italie, 132,6 %[19]. Pour la zone euro, on était très loin du second critère de convergence, qui avait été fixé à 60 %, puisqu'à la fin de l'année 2013, le ratio s'est établi à 92,6 %.

Dans ces conditions, il n'est pas incongru d'affirmer que l'origine du surendettement public actuel des plus grands pays est fondamentalement liée à la crise financière, et non pas à une gestion prétendument délétère, depuis plusieurs décennies, des finances publiques.

Si on est convaincu du caractère global de la crise des dettes souveraines, que les chiffres précédents soulignent, il est impossible de croire que des politiques économiques nationales, comme les politiques d'austérité, en viendraient seules à bout comme par miracle. Si

---

19. Source : OCDE, Eurostat.

l'on accepte cette idée, et si l'on veut vraiment combattre le surendettement, alors ce sont aux causes de la crise financière qu'il faut s'attaquer sérieusement. Parmi elles, on a souligné le rôle joué par les produits dérivés. Il y a là un enjeu d'autant plus urgent que le montant des encours notionnels des produits financiers dérivés continue à progresser, atteignant la somme gigantesque de 710 000 milliards de dollars. Couplée à la croissance continue des dettes souveraines, cette évolution est inquiétante : elle est grosse d'une nouvelle crise financière.

Mais le déni reste aveuglant. Les plus grands États restent insensibles aux causes de la crise financière. Ils croient encore – ou feignent de croire – que des politiques de rigueur ou d'austérité permettront de sortir progressivement de la crise. Ils refusent de voir l'oligopole bancaire en action, lui qui a pourtant causé la précédente crise et qui a largement imposé ses solutions pour en sortir, mais qui va aussi très probablement nous précipiter vers la prochaine crise. Les États sont ainsi devenus les otages de l'oligopole bancaire.

Pour mieux en rendre compte, le tableau suivant (tableau 17) mélange des données de types macro et microéconomiques, relatives à la fois à des banques systémiques et à trois pays (États-Unis, Grande-Bretagne et France).

Il s'agit de confronter, d'un côté, des données sur la microstructure des marchés[20] concernant les banques oligopolistiques et, d'un autre côté, des grandeurs qui relèvent de la macroéconomie financière. Le résultat est déroutant : ce sont des grandeurs de type micro qui l'emportent, en quelque sorte, sur celles de type macro ! Cela montre une fois de plus qu'il est impossible de définir une politique économique quelconque sans prendre la mesure et comprendre le poids de certains acteurs aujourd'hui, notamment ceux qui appartiennent à l'oligopole bancaire.

Donnons quelques explications sur la façon dont est configuré le tableau 17. Dans le premier tiers supérieur, on rappelle, pour les États-Unis, la Grande-Bretagne et la France, les montants de la dette publique, du PIB, ainsi que le rapport de ces deux grandeurs entre elles au 31 décembre 2012. Dans le second tiers, nous avons retenu la plus grande banque de chacun de ces trois pays : JPMorgan Chase pour les États-Unis, Barclays pour la Grande-Bretagne et BNP Paribas pour la France. Pour ces banques systémiques, nous avons sélectionné deux grandeurs : les totaux de bilan et les encours notionnels de produits dérivés, grandeurs que nous rapportons ensuite au PIB de leur pays respectif. Enfin,

---

20. L'étude de la microstructure des marchés analyse les divers mécanismes mis en œuvre au niveau des marchés d'actifs financiers et la façon dont ils tendent à influencer la formation du prix de marché.

Tableau 17
Les États face à l'oligopole systémique :
la mesure de l'impuissance publique
(en milliards de dollars au 31/12/2012)

	États-Unis	Royaume-Uni	France
Dette publique	16 394	2 191	2 420
PIB	15 684	1 921	2 682
Dette publique/PIB	104,53 %	114,06 %	90,21 %
	JPMorgan Chase	**Barclays**	**BNP Paribas**
Total de bilan	3 953	2 320	2 490
Produits dérivés	69 500	63 245	63 773
Total de bilan/PIB	31,42 %	120,77%	92,83 %
Produits dérivés/PIB	**6** (ou 1 600 %)	**33** (ou 3 300 %)	**24** (ou 2 400 %)
	8 banques sytémiques	**4 banques sytémiques**	**4 banques sytémiques**
Total de bilan/PIB	**1** (ou 101 %)	**4** (ou 400 %)	**3** (ou 308 %)
Produits dérivés/PIB	**18** (ou 1 800 %)	**86** (ou 8 600 %)	**44** (ou 4 400 %)

Sources : états financiers des banques et Organisation de coopération et de développement économiques (OCDE).

dans le tiers inférieur du tableau, nous présentons ces mêmes rapports (totaux de bilan sur PIB), mais cette fois-ci avec la totalité des banques systémiques appartenant à chacun de ces pays : huit pour les États-Unis, quatre pour la Grande-Bretagne et quatre pour la France.

Que nous apprend ce tableau ?

Sans surprise, nous vérifions tout d'abord que le rapport de la dette publique sur le PIB est très important pour chacun des pays, particulièrement pour les États-Unis. Signalons que ces rapports ont poursuivi leur augmentation en 2013 et 2014, malgré les politiques économiques dites de maîtrise des déficits publics.

Regardons ensuite la comparaison des totaux de bilan des trois principales banques par rapport à la dette publique de leur pays respectif : BNP Paribas et surtout Barclays gèrent des totaux de bilan supérieurs à la dette publique de leur pays. D'où l'idée déjà exposée : la force individuelle de chacune de ces deux banques révèle et accroît la faiblesse de leur État respectif. Le résultat est moins marqué pour JPMorgan Chase, dont le total de bilan n'est que de 24 % de la dette publique américaine.

On observe les mêmes ordres de grandeur quand on compare, cette fois-ci, le total de bilan de ces trois banques au PIB de leur pays. Barclays possède un total de bilan supérieur au PIB de son pays, suivi par BNP Paribas avec un rapport légèrement inférieur, puis par JPMorgan Chase avec un rapport de 31,4 %. Comment ne pas comprendre, même pour cette dernière, que ces trois banques jouent à elles seules un rôle primordial dans le financement de l'activité économique de leur pays? Même si, par ailleurs, elles ont une activité internationale?

La valeur notionnelle des produits dérivés de chacune des trois banques rapportée au PIB de leur pays donne la même hiérarchie que précédemment, mais avec des chiffres qui donnent le vertige. Quand Barclays détient un encours notionnel de dérivés égal à 33 fois le PIB de son pays, on mesure instantanément son rôle dans l'activité de couverture des risques, certes, mais surtout sa capacité potentielle à spéculer sur les marchés financiers. Ce rapport révèle clairement l'ampleur du risque systémique porté par cette banque.

Quand on se penche non pas sur une banque, mais sur la totalité des banques systémiques de chacun des trois pays, la force de ces banques est démultipliée. On entre ici d'emblée – avec ces 16 banques systémiques – dans le registre de la mondialisation économique et financière.

Le rapport entre les totaux de bilan des banques concernées et les PIB témoigne de cette mondialisation économique. Par exemple, les huit banques américaines ont une capacité d'allocation de capitaux (donnée par le total de bilan) égale au PIB des États-Unis, tandis que cette capacité est de quatre fois supérieure au PIB de la Grande-Bretagne pour les banques britanniques et de trois fois supérieure au PIB de la France pour les banques françaises.

La mondialisation financière se voit, de son côté, à travers le volume des produits dérivés gérés par les banques systémiques. Faut-il encore rapporter ces données aux pays ? Les chiffres obtenus sont si élevés qu'on peut se demander s'ils ont encore un sens. On est ici dans les « activités de marché » des plus grandes banques mondiales, et que ces activités soient de couverture ou de spéculation, le champ d'action est évidemment global. Les États disparaissent alors complètement des radars des salles de marché !

Le décor est ainsi dressé pour comprendre la nature des rapports qui peuvent se nouer entre l'oligopole et ses membres bancaires, d'une part, et les banques centrales, les régulateurs et les législateurs, d'autre part.

Commençons par les banques centrales. Il est impossible d'indiquer ici tous les éléments de politique monétaire ou de régulation prudentielle qui peuvent concerner les secteurs bancaires. Le sujet est bien trop vaste. Ce qui nous semble essentiel peut être résumé en deux points.

1) Les banques centrales sont indépendantes des États. Autrement dit, les États ne peuvent pas accéder, comme les banques, au marché monétaire. Pour financer leurs déficits, ils sont contraints de trouver des ressources sur le marché financier où les taux d'intérêt pratiqués sont plus élevés que sur le marché monétaire.

Il y a déjà là une asymétrie essentielle qui fait des États des acteurs économiques comme n'importe quel autre. Par contre, les banques ont un accès privilégié aux ressources de la banque centrale.

2) Les banques centrales exercent une tutelle très générale sur les banques qui relèvent de leur zone monétaire. Elles sont en charge de veiller à leur bonne santé financière. À ce titre, après la chute de Lehman Brothers, elles ont inondé les banques de liquidités afin d'éviter une nouvelle faillite, surtout d'une banque systémique. Elles le font par des moyens dits « non conventionnels » qui consistent à procurer aux banques des prêts de longue durée à très faible taux d'intérêt, ou bien encore en leur rachetant des titres financiers. En contrepartie de cette manne financière, il faut veiller à ce que les banques rétablissent leur solidité financière qui avait été entamée par la crise. Par conséquent, les banques centrales organisent périodiquement des « stress tests » pour vérifier que les banques sont capables d'affronter un nouveau choc financier. Le résultat de ces relations multiples est finalement assez clair : les banques centrales apparaissent naturellement comme les porte-paroles des banques face aux pouvoirs publics. Ce rôle de soutien est renforcé par le Comité de Bâle.

Créé en 1974, le Comité de Bâle est composé actuellement des dirigeants de 27 banques centrales. Il est en charge de la réglementation prudentielle du secteur à l'échelle mondiale. À travers les institutions qui ont été examinées plus haut (voir le tableau 5 de cet ouvrage), l'oligopole bancaire est l'interlocuteur naturel du Comité. Dans ce lieu, on discute des différents intérêts professionnels souvent contradictoires qui se font face, tout en essayant de faire émerger des intérêts plus collectifs. On en déduit que le Comité de Bâle est dans les faits une instance d'autorégulation de la profession bancaire à l'échelle mondiale, et en même temps un lieu où l'oligopole des banques systémiques peut faire sentir tout son poids[21].

Cette influence est parfaitement perceptible dans les modalités d'application des règles[22] qui sont élaborées

---

21. Même les banques centrales sont marquées par la présence de membres issus de grandes banques systémiques (*career background*), ou pire, qui y travaillent une fois qu'ils ont achevé leur mandat de banquier central (*career concern*). Voir Christopher Adolph, *Bankers, Bureaucrats, and Central Bank Politics,* Cambridge, Cambridge University Press, 2013 ; et Henry Chappel *et al.*, *Committee Decisions on Monetary Policy,* Cambridge, The MIT Press, 2005. Ainsi, Mario Draghi ou Mark Carney (gouverneur de la Banque d'Angleterre) viennent de Goldman Sachs. De manière *ex post* : Otmar Issing (ancien chef économiste de la BCE) est conseillé de Goldman Sachs ; Axel Weber (ancien président de la Bundesbank) siège désormais au C.A. d'UBS.

22. Ces règles concernent, par exemple, pour Bâle III : le renforcement du niveau et de la qualité des fonds propres (*tier one* et *core tier one*) ; la définition d'un nouveau ratio, le ratio de levier ; l'introduction de deux ratios de liquidité, le ratio de liquidité à un mois (*liquidity coverage)* et le ratio de liquidité à un an (*net stable funding ratio*) ; et, enfin, le renforcement des exigences prudentielles concernant le risque de contrepartie.

par le Comité. Celles-ci sont négociées sur des périodes extrêmement longues, assouplies ensuite si nécessaire, et toujours étalées dans le temps pour leur application effective. Les accords de Bâle I ont été arrêtés en 1988, ceux de Bâle II en 2010 et l'ensemble des mesures négociées par Bâle III ne sera mis en place qu'à partir de 2019.

Cette autorégulation du secteur bancaire à l'échelle mondiale – c'est le moins que l'on puisse dire – n'est pas automatiquement propice à des rapports sereins avec les États ou avec d'autres régulateurs financiers comme, par exemple, le FMI. À cet égard, la crise financière a avivé des tensions révélatrices de l'impuissance publique, notamment lorsque les États tentent de légiférer directement sur le secteur bancaire.

Invitée à Londres à une conférence sur le « capitalisme inclusif », la directrice du FMI, Christine Lagarde, s'est lancée dans une violente diatribe contre le monde bancaire[23]. Elle a reproché au secteur de bloquer les réformes nécessaires à son assainissement. Elle a notamment blâmé « l'opposition acharnée du secteur » financier, tout en reconnaissant que la complexité des sujets en jeu était également responsable de ces retards : « la mauvaise nouvelle, c'est que les progrès sont encore trop

---

23. Voir Anne de Guigné, « Christine Lagarde fustige les lobbies bancaires », *Le Figaro,* 27 mai 2014 ; et Marc Roche, « David de Rothschild met un point final à son aventure londonienne », *Le Monde,* 3 juin 2014.

lents et la ligne d'arrivée trop loin ». La responsable du FMI regrette que la question des organisations trop importantes pour couler ne soit notamment toujours pas réglée. Elle a ensuite expliqué que la « subvention » implicite – coûts de financement avantageux attachés au statut des plus grandes banques – représente environ « 70 milliards de dollars aux États-Unis et jusqu'à 300 milliards de dollars dans la zone euro [...]. Cette subvention implicite [...] vient de leur capacité à emprunter à des niveaux moins élevés que les banques plus petites », ce qui « amplifie le risque et sape la concurrence ».

En retour, les représentants des plus grandes banques n'hésitent pas à vilipender les tentatives de réglementation que les pouvoirs cherchent à mettre en place par voie législative. Plusieurs sujets sont ainsi facteurs de frictions sévères. Entre autres, la TTF internationale[24], la question de la « résolution bancaire » lorsqu'une banque fait faillite, ou encore celle de la séparation – au sein des banques – des activités financières et des activités de crédit. À titre d'illustration, prenons cette dernière question, celle de la « séparation ».

---

24. Au moment où nous écrivons ces lignes, cette taxe semblait s'enliser dans les méandres de l'administration européenne et être condamnée à l'impasse (voir Mathilde Damgé, « Comment la taxe sur les transactions financières est torpillée par la France, *Le Monde*, 29 décembre 2014).

Opposées par principe à ce qui pourrait diminuer leur taille (« sinon la concurrence pourrait en profiter »), les plus grandes banques ont pu éviter jusqu'à présent des législations qui auraient abouti à la scission patrimoniale complète de leurs activités (comme l'avait pourtant réalisé en son temps la loi Glass-Steagall défendue par Roosevelt aux États-Unis en 1933[25]). Ces banques se sont assurées, par un travail de lobbying intense, que les législations nationales sur ce sujet soient complètement disparates, qu'elles aient en réalité des effets quasiment nuls. C'est le cas par exemple des législations françaises ou allemandes, attachées par principe aux « banques universelles » : les activités restent en réalité sous le chapeau d'une même banque-mère et la séparation concerne des filiales représentant moins de 3 % des activités.

Aux États-Unis, avec la règle Volker, et en Grande-Bretagne, avec la règle Vickers, on a cherché seulement à éviter les débordements des banques en raison de leurs activités de marché afin de limiter les dégâts qui pour-

---

25. La loi Glass-Steagall érige, en juin 1933, la distinction entre deux métiers bancaires : la banque de dépôt ou banque commerciale, c'est-à-dire les activités de prêts et de dépôts, et la banque d'investissement ou banque d'affaires, c'est-à-dire les opérations sur titres et valeurs mobilières. Cette séparation répond à deux idées : d'une part, casser la taille de banques hyperpuissantes notamment face aux pouvoirs publics et, d'autre part, éviter que les dépôts puissent financer les opérations particulièrement risquées sur les titres financiers.

raient être causés sur les dépôts en cas de faillite, mais là aussi pas de scission patrimoniale des activités. Quant à la Commission européenne, après deux années de préparation, elle a adopté le 29 janvier 2014 une « proposition » de règlement visant à empêcher les plus grandes banques de pratiquer la négociation pour compte propre, une activité de marché risquée. Rappelons en effet que les activités « pour compte propre » correspondent à des transactions réalisées avec les fonds propres des banques pour leur seul bénéfice, et non pour le compte de clients. Elles ont de ce fait une dimension spéculative.

Mais la proposition européenne rencontre la vive opposition des Français et des Allemands. Un coup d'épée dans l'eau[26] ?

Ancien *trader* chez Deutsche Bank, Rainer Voss se rappelle, dans un documentaire qui lui est consacré, d'avoir eu le sentiment d'être le « Maître de l'univers[27] » quand il était assis dans la salle de marché de sa banque. Il confirme aussi que les États et leur réglementation ont toujours un retard considérable pour juguler les molosses que sont devenues les plus grandes banques.

---

26. Le nouveau (depuis novembre 2014) commissaire européen aux services financiers, Jonathan Hill, devait évoquer début décembre 2014 le retrait de la directive destinée à séparer les activités bancaires et à mieux encadrer les activités spéculatives.

27. Marc Bauder, *Master of the Universe,* film documentaire, 2014, 88 mn.

Assurément, la Deutsche Bank est une très grande banque, elle est même systémique et appartient à l'oligopole bancaire qui mène aujourd'hui le monde.

HSBC est une autre très grande banque, qui s'est rendue coupable d'évasion fiscale à très grande échelle. L'affaire a éclaté au grand jour en février 2015 et atteint désormais un niveau planétaire[28]. La banque britannique pourrait faire face à de nouvelles enquêtes en France, en Grande-Bretagne, en Belgique, en Argentine et aux États-Unis. Elle n'est pas seulement le symbole des dérives de la finance. Elle révèle qu'elle a agi non seulement pour le compte de fraudeurs au fisc, mais aussi, fait bien plus préoccupant, de groupes criminels fichés, voire déjà condamnés. Avec 270 000 salariés dans plus de 80 pays, HSBC est toujours considérée comme un poumon de l'économie mondiale. Qui oserait compromettre son avenir en la privant de sa licence bancaire ?

Et pourtant... nous l'avons vu, les infractions commises par le géant bancaire sont loin d'être des faits isolés. Du blanchiment d'argent aux affaires de manipulation de taux servant de référence aux activités financières (Libor, Euribor...), en passant par la vente de produits financiers toxiques, on ne compte plus les procédures judiciaires dans lesquelles le groupe est impliqué ou cité. Ce que cette dernière affaire révèle avec une

---

28. L'affaire SwissLeaks a été révélée le 8 février 2015 par *Le Monde* et le Consortium international des journalistes d'investigation (ICIJ).

lumière crue, c'est bien une fois de plus l'impuissance des responsables politiques face à ces mastodontes bancaires, qui se relèvent toujours indemnes des pires scandales, impuissance due à la place centrale de ceux-ci dans le financement de l'économie.

Une fois la puissance de ces mégabanques admise, il reste à savoir où cette nouvelle aristocratie de l'argent entraîne les sociétés humaines. Telle est la question que nous devons finalement aborder.

Allons-nous vers un cataclysme d'ampleur inédite ?

La réponse à cette question est parfaitement claire. Si aucune mesure n'est prise à l'échelle internationale pour limiter la puissance que l'oligopole développe par ses positions dominantes sur les marchés – dont il abuse régulièrement –, ces banques nous mèneront vers l'abîme économique. En clair, l'oligopole des banques, par ses opérations économiques et sa force politique, nous prive des moyens d'empêcher l'avènement imminent d'une crise économique.

Aussi puissantes puissent-elles être, ces banques sont bien incapables de se protéger contre elles-mêmes. Pire, elles ont, par la nature même de leurs opérations spéculatives, tendance à amplifier le moindre soubresaut économique. En effet, comme elles sont toutes «systémiques», la moindre défaillance de l'une d'entre elles ferait entrer la planète entière en crise. Plus ou moins rapidement, car certaines banques de l'oligopole sont davantage au cœur du fonctionnement de l'économie mondiale. Le tableau 18 dresse la liste des banques systémiques qui nous apparaissent, au terme de ce travail, être le noyau dur de l'oligopole.

Les banques systémiques appartenant à ce noyau sont au nombre de 11 :

– 4 banques américaines : Bank of America, Citigroup, Goldman Sachs et JPMorgan Chase ;

– 3 banques britanniques : Barclays, HSBC et Royal Bank of Scotland ;

– 2 banques de la zone euro : BNP Paribas et Deutsche Bank ;

– 2 banques suisses : Credit Suisse et UBS.

Ce sont ces banques-là, principalement anglo-saxonnes, qui exercent une influence déterminante dans la conduite de l'oligopole mondial. Un des premiers objectifs que devrait se donner la communauté internationale serait logiquement de casser ce noyau et d'opérer de façon tranchée la séparation patrimoniale de leurs activités. Comme nous l'avons vu, on est aux antipodes de telles résolutions !

Dans notre dernier ouvrage[29], nous avons décrit longuement quel serait le scénario noir d'une prochaine

---

29. *La grande saignée. Contre le cataclysme financier à venir*, Montréal, Lux, 2013.

Tableau 18

Noyau de l'oligopole bancaire mondial (novembre 2014)

Banques systémiques	Présence institution-nelle forte*	Panel du Libor USD	Subprime amendes payées	Abus de position dominante sur le marché					
				du Libor	de l'Euribor	du Tibor	des changes	des produits dérivés 1	des produits dérivés 2
Bank of America	X	X	X				X	X	
BNP Paribas	XX	X						X	
Barclays	X	X	X	X	X		X	X	
Citigroup	X	X	X	X	X		X	X	
Credit Suisse	X	X	X	X				X	X
Deutsche Bank	X	X	X	X	X	X	X	X	
Goldman Sachs	X	X	X						
HSBC	X	X	X	X	X		X	X	
JPMorgan Chase	XX	X	X	X	X	X	X	X	X
Royal Bank of Scotland	X	X	X	X	X	X	X	X	X
UBS	X	X	X	X	X	X	X	X	X

* Une double croix signifie que la banque exerce une fonction dirigeante dans l'une des institutions professionnelles mondiales du secteur (pour la signification de cette colonne, voir le tableau 5 de cet ouvrage et les commentaires qui l'accompagnent).

Sources : synthèse de plusieurs tableaux qui précèdent.

crise financière. Nous voulons ici en préciser davantage les principales causes possibles :

– l'éclatement de la bulle obligataire, correspondant au surendettement public actuel ; celle-ci exploserait suite à un défaut de paiement, par exemple d'un pays de la zone euro (ou bien d'un autre grand pays développé) ; comme n'importe quelle bulle qui gonfle, il arrive un moment où son éclatement devient inévitable ;

– de même avec l'éclatement de la bulle des marchés actions ; ces derniers sont aujourd'hui survalorisés en raison de l'afflux de liquidités injectées par les banques centrales ; par ailleurs, ces marchés sont en permanence menacés par les dérives du *trading* à haute fréquence qui provoque de façon épisodique des mini-krachs ;

– la faillite d'une banque systémique suite à des spéculations hasardeuses, notamment sur les marchés de produits dérivés ;

– ou encore un phénomène de course aux retraits des dépôts (*bankrun*) qui plongerait l'une des banques systémiques dans une crise de liquidité insoluble.

Dans tous les cas, les banques systémiques s'effondreraient comme un château de cartes, en raison de leurs interconnexions, de leurs comportements mimétiques en cas de crise (ventes simultanées de détresse d'actifs financiers), mais surtout en raison des enchaînements délétères que provoquerait le déclenchement des produits dérivés de type CDS.

La conséquence d'une telle crise serait la remise à plat du système de financement de l'économie mondiale et un effondrement de l'économie réelle. Les banques de l'oligopole, dont le bilan se contracterait, pourraient, dans ces conditions extrêmes, être reprises pour des bouchées de pain par les États. Ces derniers seraient alors en capacité de se désendetter facilement, car en récupérant les actifs des banques en déconfiture, ils se retrouveraient propriétaires d'une grande partie des titres financiers à l'origine de leur endettement. Ils pourraient alors les annuler et diminuer substantiellement le poids des dettes.

Ce scénario est-il souhaitable ? La réponse est clairement négative. Tout d'abord, parce que les États sont exsangues en raison de leurs luttes contre les déficits publics. Ensuite, parce que même dans une telle hypothèse, les politiques actuellement suivies montrent qu'il faudra beaucoup de temps pour que le logiciel intellectuel actuel, pétri du paradigme néolibéral, puisse se modifier. Et ce temps sera malheureusement celui de toutes les aventures : replis identitaires et nationalistes, recherche de boucs émissaires, risques d'affrontements en tous genres, intérieurs et extérieurs, etc. La situation géopolitique mondiale, déjà traversée par les radicalisations politiques et religieuses, risque donc, en cas de nouvelles crises financières, de s'aggraver de façon dramatique ! Non, on ne peut pas le souhaiter, mais c'est malheureusement le scénario le plus probable.

Comment sortir de la situation que ce livre décrit par le haut ? Comment faire pour que les responsables politiques actuels, au niveau mondial, anticipent cette tempête pour la combattre de façon préventive ? À notre sens, le seul chemin praticable, après avoir pris la mesure de la situation actuelle, est d'opérer un retour critique pour comprendre enfin les véritables causes de la dernière crise financière.

Il faut ici revenir sur une analyse essentielle. On en a déjà fait la remarque : depuis l'avènement définitif de la globalisation des marchés monétaires et financiers survenue dans le milieu des années 1990, des crises systémiques se sont produites à plusieurs reprises. Elles ont été à chaque fois causées par les produits financiers dérivés. Or, ces produits n'existaient pratiquement pas avant les années 1970. Ils se sont développés progressivement durant les années 1980 et 1990. Ainsi, leur encours notionnel est passé de 500 milliards de dollars à 28 733 milliards entre 1986 et 1996, pour atteindre, en 2013, plus de 710 000 milliards ! (Voir le tableau 19.)

Comprend-on vraiment que c'est la libéralisation de la sphère financière, durant les années 1970 et 1980, lorsque les taux de change et les taux d'intérêt sont devenus des prix de marché, qui a imposé la présence de ces produits financiers particuliers ? Certes, les acteurs de l'économie réelle ont besoin de produits d'assurance (et donc de dérivés) pour couvrir les risques liés aux variations incessantes des produits sous-jacents : taux de change et taux d'intérêt, principalement. Comme le tableau 19 l'indique parfaitement, la majorité des encours notionnels gérés par les banques systémiques s'attachent à couvrir les risques liés à ces deux derniers taux dans des proportions considérables (à plus de 90 % pour l'année 2013). Une remarque essentielle s'impose alors.

Le taux de change est le taux de conversion d'une *monnaie en une autre*, le taux d'intérêt est le prix qu'il faut payer *pour disposer maintenant d'une monnaie durant une période donnée*. La référence aux dérivés de taux d'intérêt et de change pour des montants aussi volumineux incite, par conséquent, à penser que la question monétaire est centrale, non seulement pour trouver le chemin d'une sortie de crise, mais aussi pour retrouver une stabilité monétaire et financière internationale.

Une première façon de prévenir la prochaine crise financière pourrait donc être, si c'était possible, d'enrayer drastiquement l'expansion de ces produits dérivés et de les éliminer progressivement par la suite. Leur disparition programmée permettrait aux États de retrouver une souveraineté monétaire qu'ils ont actuellement entièrement perdue. La création monétaire est le fait, grosso modo, de 90 % des banques privées et de 10 % des banques centrales (lesquelles, rappelons-le, sont désormais indépendantes des États). Pour arriver à la disparition programmée des produits dérivés, on comprend

Tableau 19
Banques systémiques et produits dérivés :
une fuite en avant suicidaire, 1998-2013
(en milliers de milliards de dollars)

	1998	2003	2008	2013
Dérivés de taux d'intérêt	50,0 (62,3 %)	142,0 (72,0 %)	418,7 (70,7 %)	584,4 (82,3 %)
Dérivés de taux de change	18,0 (22,4 %)	24,5 (12,4 %)	49,8 (8,4 %)	70,6 (9,9 %)
Dérivés de crédit	0,4 (0,5 %)	3,8 (1,9 %)	41,9 (7,1 %)	21,0 (3,0 %)
Autres dérivés	11,9 (14,8 %)	26,9 (13,6 %)	81,6 (13,8 %)	34,2 (4,8 %)
Total des contrats	**80,3** (100,0 %)	**197,2** (100,0 %)	**592,0** (100,0 %)	**710,2** (100,0 %)

Sources : nos calculs et BIS *Quarterly Review*.

bien que la question monétaire est ici essentielle et qu'il faut l'aborder de front[30].

Une façon crédible de le faire est de poser la question de la réforme du système monétaire international. Celle-ci est, très probablement, la clé de voûte d'une sortie réelle de la crise actuelle en évitant le cataclysme financier qui nous menace. Cette réforme est un enjeu crucial pour inverser le rapport de force entre les marchés financiers – avec son oligopole bancaire – et les États, aujourd'hui très affaiblis en raison de leur surendettement, d'une croissance économique en berne, et de tensions politiques croissantes. La création d'une monnaie commune à l'échelle internationale, comme celle que Keynes préconisait en 1944, serait un des moyens efficaces d'y parvenir. Nous y reviendrons.

Mais, la vraie difficulté d'une réforme de ce type tient fondamentalement à la position américaine sur le sujet. Les États-Unis refusent toute concertation internationale sur la question monétaire depuis la libéralisation du marché des changes, intervenue en 1971 et consacrée par les accords de la Jamaïque peu de temps après. Les Américains sont toujours persuadés que le dollar remplit les fonctions d'une véritable monnaie internationale. Elle est donc intouchable et toute réforme qui

---

30. Nous rejoignons ici une tradition théorique qui met au centre de sa réflexion sur les crises le rôle de la monnaie, des dettes et de la déflation. Ses têtes de file comme Keynes, Fisher, Goodwin et Minsky sont bien connues.

modifierait un tant soit peu son statut affaiblirait considérablement non seulement leur économie, mais également, selon eux, l'économie mondiale.

Cette conviction est toujours bien ancrée – on l'a du reste bien vu durant les réunions du G20 qui se sont tenues à propos de la crise financière. Les Américains ont toujours refusé de mettre à l'ordre du jour de ces réunions la moindre proposition concernant une réforme du système monétaire international.

Or, depuis quelque temps, des fissures encore discrètes apparaissent dans la position américaine et même des tensions nouvelles surgissent. C'est ainsi que l'on peut comprendre les amendes qui ont été imposées à des banques (toutes systémiques) pour avoir enfreint les embargos américains sur un certain nombre de pays (voir le tableau 20). Il est en effet reproché à ces banques d'avoir utilisé la monnaie américaine, le dollar, comme moyen de règlement de certaines opérations avec les pays sous embargo, règlements qui utilisaient des systèmes de paiement implantés aux États-Unis.

Cette crispation des autorités américaines traduit assurément une forme de repli sur soi. Où est le rôle international, tant vanté, de la monnaie américaine dans les amendes ainsi infligées, alors même que les opérations sanctionnées étaient légales dans les pays d'origine des banques condamnées ? N'y a-t-il pas là une contradiction flagrante et par conséquent un point d'appui

Tableau 20

Les banques systémiques condamnées pour leurs
transactions en dollars avec des pays sous embargo (amendes en millions de dollars)

BNP Paribas	8 834
HSBC	1 920
Standard Chartered	627
ING	619
Credit Suisse	536
Barclays	298
Royal Bank of Scotland	100
JPMorgan Chase	88
Total	**13 022**
Crédit Agricole	
Société Générale	enquêtes en cours
Deutsche Bank	par l'OFAC
Unicredit	

OFAC: Office of Foreign Assets Control.

Les enquêtes ont porté sur 190 milliards de transaction sur la période 2002-2012. Les pays sous embargo sont le Soudan, l'Iran, Cuba, la Lybie, la Corée du Nord, la Syrie.

Les grandes banques internationales détiennent des comptes en dollars auprès des deux grands systèmes de paiement américains, CHIPS et FedWire, afin que les entreprises étrangères puissent effectuer des paiements en dollars à leurs fournisseurs.

pour faire avancer, vis-à-vis des Américains, l'idée d'une réforme internationale urgente ?

Quant au contenu de cette réforme, le point essentiel suppose une communauté internationale suffisamment rassemblée pour définir ses intérêts collectifs. Est-ce crédible ? C'est pourtant bien dans cette voie que nous sommes contraints d'avancer.

Il faut en effet mettre en cause le statut actuel du polycentrisme monétaire et revenir sur la liberté de mouvements des capitaux les plus court-termistes. Ces deux éléments nourrissent l'instabilité monétaire et financière. La diversité des monnaies et l'architecture de leurs parités offrent à ces capitaux volatils des occasions d'arbitrages qui, combinés avec le jeu des produits dérivés, sèment désordres et crises.

La solution ? Aller vers une monnaie commune, voilà la proposition principale. Ce n'est pas la même chose que de prôner une monnaie « unique », dont on sait à l'avance le caractère totalement utopique à l'échelle internationale. La monnaie unique européenne montre bien ses limites, car elle suppose de fortes convergences dans bien des domaines, notamment fiscaux et sociaux. La zone euro est aujourd'hui menacée d'un éclatement, en raison de ses faiblesses, mais aussi de la spéculation qui est de nouveau à l'affût d'une prochaine crise des dettes souveraines.

Les choses se présentent différemment dans l'hypothèse d'une monnaie commune. Tous les États conservent leur souveraineté monétaire (ce qui n'est évidemment pas le cas avec une monnaie unique). Mais cette monnaie suppose une émission et une gestion centralisée par un institut *ad hoc* qui doit posséder nécessairement toute la légitimité démocratique pour asseoir sa crédibilité.

La réintroduction de taux de change fixes est alors essentielle. C'est le point central de la proposition. Ces parités monétaires seraient ajustables par rapport à la monnaie commune, non pas par le marché, mais – et c'est fondamental – par la volonté politique. Cela suppose évidemment que les mouvements de capitaux ne soient plus aussi libres qu'ils le sont aujourd'hui, surtout ceux qui sont les plus volatils. Plusieurs moyens peuvent se combiner pour restreindre cette liberté totale : un contrôle des changes qui favoriserait surtout les investissements de long terme et une taxation des transactions financières dont le niveau aurait un effet dissuasif pour les capitaux les plus spéculatifs. C'est le second point essentiel de la réforme.

Le jour où une telle réforme adviendra, il sera possible de passer à une autre étape majeure pour réduire les dettes souveraines.

Première mesure : l'organisation à l'échelle internationale d'une politique de relance massive et son financement par emprunt grâce à la monnaie commune. Ainsi seraient assurés notamment les financements de la transition écologique dont la planète a tant besoin. Pour réaliser cet objectif majeur, il faudrait lancer des emprunts internationaux libellés dans la nouvelle monnaie commune pour des montants dont on sait qu'ils seront considérables. Peut-on douter que cette relance par l'emprunt ne serait pas favorable, à terme, non seulement pour l'activité et l'emploi, mais aussi, dans chaque pays, pour les finances publiques grâce à l'accroissement de leurs recettes fiscales ? L'épargne abondante des investisseurs institutionnels, des fonds de pension et des compagnies d'assurance pourrait alors être mobilisée à bon escient. Et si ce n'est pas suffisant, le nouvel institut d'émission pourrait directement procéder à l'octroi de crédits pour des projets d'envergure internationale.

Deuxième mesure : l'émission des emprunts, toujours dans la monnaie commune, dont la finalité serait de racheter sur les marchés financiers les actuelles dettes souveraines. Depuis la crise de 2007-2008, cette pratique, dite « non conventionnelle » par les banques centrales, s'est largement répandue. Elle permet d'injecter des liquidités dans l'économie et de maintenir les taux d'intérêt à des niveaux relativement bas sur les marchés obligataires. Mais, une fois rachetées, ces dettes restent au bilan des banques centrales, elles ne peuvent pas être éliminées, car dans cette opération qui amputerait leur résultat, les banques centrales perdraient leur crédibilité et leur indépendance. *A contrario,* dans l'hypothèse d'une monnaie commune, qui pourrait réellement empêcher la communauté internationale d'annuler en partie, voire totalement dans certains cas, les dettes ainsi rachetées ? Pour que ces opérations puissent se réaliser, il est évident que l'institut d'émission – et, à travers lui, la communauté internationale – doit posséder une très forte crédibilité qui, nous l'avons déjà dit, ne peut être assise que sur une légitimité démocratique indiscutable[31].

---

31. Cette proposition pourrait être renforcée par l'idée d'une imposition mondiale sur le capital, comme le propose par exemple Thomas Piketty dans son dernier ouvrage, *Le capital au XXIe siècle*, Paris, Seuil, 2013, p. 943-944.

Conclusion

Au cours de notre périple, nous avons analysé comment l'oligopole bancaire et son noyau se sont progressivement constitués à partir des banques systémiques. Or, l'émergence de cette structure de marché est tout à fait récente puisque les banques systémiques elles-mêmes ont pris leur envol et leur propre dimension à la faveur de la globalisation des marchés monétaires et financiers au milieu des années 1990. Très vite, les membres de l'oligopole ont occupé des positions dominantes sur ces marchés et, dès 2005, environ, ils ont commencé à pratiquer, entre eux, des ententes à caractère frauduleux.

Dans ces conditions, les comportements de cet oligopole ne ressortent absolument pas d'un problème moral, mais d'un problème de structure de marché qui découle lui-même du contexte institutionnel des années 1970 et 2000, à savoir :

– la libéralisation des deux taux fondamentaux de la finance : le taux de change d'abord et le taux d'intérêt ensuite, avec la perte consécutive de la souveraineté des États sur la création monétaire ;

– le démantèlement de toutes les réglementations bancaires de structure et de comportement (la seule régulation de comportement conservée étant celle d'un niveau de fonds propres minimal) et la place laissée à l'autorégulation.

La conséquence majeure de cette évolution est un oligopole bancaire mondial devenu surpuissant face à des États de plus en plus démunis, notamment pour éviter ou canaliser ses débordements. L'exemple des sanctions infligées par les autorités judiciaires ou politiques pour des faits d'entente est très symptomatique de l'impuissance publique. Les amendes sont calculées (et annoncées dans les médias) de telle sorte qu'elles ne puissent en aucune façon entamer la crédibilité ou la réputation des banques incriminées. Car, c'est bien là le problème, les banques de l'oligopole sont toutes systémiques et la crainte de voir chuter l'une d'entre elles l'emporte sur toute autre considération, de peur de provoquer un nouveau cataclysme mondial.

L'oligopole bancaire mondial opère à travers plusieurs de ses organisations professionnelles, ses intérêts collectifs sont très bien relayés par les banques centrales et le Comité de Bâle chargés ensemble d'opérer les arbitrages réglementaires au mieux de ses intérêts. On a pu vérifier cette convergence au moment de la crise financière de 2007-2008, provoquée, rappelons-le, par les grandes banques systémiques. Qui plus est, les nouvelles régulations n'ont entamé en rien la puissance de l'oligopole, et n'ont pas non plus modifié fondamentalement ses logiques financières de comportement. On doit ajouter que le grand exploit de l'oligopole et de ses soutiens est d'avoir pu transférer la plus grande partie de sa dette privée, devenue toxique au moment de la crise, en dette publique.

La bulle actuelle des dettes souveraines a été ainsi alimentée directement par les effets de la crise financière, et notamment par les transferts de dettes de l'oligopole. La planète est aujourd'hui à la merci de l'éclatement de cette bulle par le défaut de paiement d'un État, comme elle le serait par la faillite d'une banque de l'oligopole.

Il est temps, plus que temps, de démanteler l'oligopole bancaire mondial. Non pas en essayant d'introduire plus de concurrence entre ses membres, comme le prônerait sans aucun doute la solution « libérale ». En effet, on ne voit pas bien en quoi le caractère systémique de ces banques serait ainsi entamé, car c'est bien ce caractère particulier qui a forgé l'oligopole. Nous l'avons vu, les deux solutions pour casser l'oligopole sont *a minima* une séparation stricte et patrimoniale des banques de dépôts et d'investissement, et surtout la réforme du système monétaire et financier international qui redonnerait aux États une souveraineté monétaire à travers la création d'une monnaie commune.

Quoi qu'il en soit, le moment de vérité approche : ou bien on feint de croire encore que la solution de la crise actuelle et, en particulier, de nos endettements publics passe par des politiques de réduction des déficits – et, dans ce cas, c'est un nouveau cataclysme financier qui s'avance sûrement, faute d'agir sur la cause réelle de notre situation, à savoir : la surpuissance dévastatrice de l'hydre bancaire –, ou bien nous faisons le pari de l'intelligence politique, celle qui perçoit les enjeux fondamentaux de notre planète et de notre vie en société, et alors une mobilisation citoyenne qui s'inscrirait dans cette perspective démocratique peut tout espérer et tout engager.

Oui, nous sommes dans un état d'urgence, mais pour le proclamer, encore faudrait-il que nos responsables politiques aient le courage de la lucidité et de la vérité.

Remerciements

Avant tout, je tiens ici à indiquer le plus clairement possible que ce travail n'engage que moi, et que ni l'université ni le laboratoire auquel j'appartiens depuis 38 ans, le LEREPS, ne peuvent être tenus pour responsables des propos tenus dans cet ouvrage.

En même temps, ce livre n'aurait pas vu le jour si mon laboratoire n'avait pas organisé, en mon honneur, une journée sur « Le capitalisme financiarisé » à Toulouse, le 25 octobre 2012, au cours de laquelle j'ai présenté une contribution déjà intitulée : « L'oligopole des banques systémiques : pouvoir de marché et instabilité financière ». Cet ouvrage est donc un juste retour des choses vis-à-vis de mes collègues et amis. C'est aussi la raison pour laquelle ce livre leur est dédié. Je souhaitais, par cet hommage, les en remercier chaleureusement.

Je souhaite aussi rendre un hommage posthume à Bernard Maris, mort assassiné avec ses amis de *Charlie*

Hebdo, le 7 janvier 2015. Bernard était mon ami. Pendant plusieurs années, nous avons partagé le même bureau à l'Université de Toulouse. Mais, surtout, c'était un humaniste, un homme de culture, tolérant, subtil, un pédagogue hors pair, et j'ajouterai aussi un visionnaire des impasses actuelles de nos sociétés développées et de leurs logiciels intellectuels. Bref, un universitaire, un vrai.

Je veux également exprimer tous mes remerciements à mon éditeur, Mark Fortier, dans le rôle éminent qu'il a joué pour cette publication. C'est lui qui m'a poussé à écrire cet ouvrage après avoir eu l'amabilité de m'écouter lors d'une conférence donnée à Montréal, le 26 mars 2014, sur le thème : « Doit-on s'attendre à une nouvelle crise financière ? Si oui, peut-on y parer ? », où j'évoquais très précisément le rôle des banques systémiques dans l'instabilité financière actuelle.

Ma gratitude va aussi à tous ceux qui ont bien voulu relire la première version de cette recherche. Je remercie en tout premier lieu les économistes du laboratoire, dont les lectures furent toutes très précieuses : Tristan Auvray, Olivier Brossard, Brigitte Gay, Malika Hattab-Christman, Anne Isla, Alexandre Minda, François Seiko, et Stéphano Ugolini. D'autres lecteurs ont bien voulu également apporter leur regard sur le manuscrit initial, je les en remercie tous très sincèrement : Jean Bachelerie, Etienne Flicoteaux, Philippe Fréchet, Patrick Mignard et Françoise Darmaillacq.

Enfin, je ne saurai oublier mes lecteurs les plus fidèles et les plus proches, mon épouse Marie-Laure et mon fils Raphaël.

Bibliographie

Adolph, C., *Bankers, Bureaucrats, and Central Bank Politics,* Cambridge, Cambridge University Press, 2013.

Andreff, W. (dir.), *La mondialisation, stade suprême du capitalisme,* Paris, Presses universitaires de Paris-Ouest, 2013.

Arfi, F., *Le sens des affaires, voyage au bout de la corruption,* Paris, Calmann Lévy, 2014.

Autorité des marchés financiers, « Cartographie 2014 des risques et des tendances sur les marchés financiers et pour l'épargne », *Risques et tendance,* n° 15, juillet 2014.

Auvray, T. et O. Brossard, « Too Dispersed to Monitor ? Ownership Dispersion, Monitoring, and the Prediction of Bank Distress », *Journal of Money, Credit and Banking,* vol. 44, n° 4, 2012, p. 687-716.

BADIOU, A. et M. Gauchet, *Que faire? Dialogue sur le communisme, le capitalisme et l'avenir de la démocratie*, Paris, Philosophie édition, 2014.

Banque des règlements internationaux, *BIS Quarterly Review*, mars 2013.

BATTISTON, S. *et al.*, «Debt Rank: Too Central to Fail? Financial Networks, the FED and Systemic Risk», *Scientific Reports*, 2 août 2012.

BOYER R., *Les financiers détruiront le capitalisme*, Paris, Economica, 2011.

BROYER, S., «Banques et risque systémique», *Document de travail*, Natixis, n° 9, 24 juin 2013.

CHAPPELL, H., R. McGregor et T. Vermilyea, *Committee Decisions on Monetary Policy*, Cambridge, The MIT Press, 2005.

CLAIN O. et F. L'Italien (dir.), *Le capitalisme financiarisé et la crise économique au Québec et au Canada*, Montréal, Nota Bene, 2011.

COIGNARD, S. et R. Gubert, *La caste cannibale. Quand le capitalisme devient fou*, Paris, Albin Michel, 2014.

COLOMBAT B. *et al.*, *Histoire secrète du patronat de 1945 à nos jours*, Paris, La Découverte, 2014.

Commission européenne, «On Immunity from Fines and Reduction of Fines in Cartel Cases», *Official Journal*, C 298, 8.12, 2006.

Commission européenne, « Consultation by the High-Level Expert Group on Reforming the Structure of the EU Banking Sector », 3 octobre 2012.

Financial Stability Board, « Policy Measures to Address Systemically Important Financial Institutions », communiqué, 4 novembre 2011.

FRYDMAN, C. et R. S. Saks, « Executive Compensation: A New View from a Long-Term Perspective, 1936-2005 », *The Review of Financial Studies,* vol. 23, n° 5, 2010.

GAUCHET, M., *La démocratie contre elle-même,* Paris, Gallimard, 2012.

GAYRAUD, J. F., *Le nouveau capitalisme criminel,* Paris, Odile Jacob, 2014.

GIRAUD, G., *Illusion financière,* Ivry-sur-Seine, Les éditions de l'Atelier, 2012.

Institut Montaigne, *Comment concilier régulation financière et croissance?,* octobre 2012.

KEEN, S., *L'imposture économique,* Ivry-sur-Seine, Les éditions de l'Atelier, 2014.

KRUGMAN, P., *Sortez-nous de cette crise... maintenant!,* Paris, Flammarion, 2012.

MARINI, P., « Pour un nouvel ordre financier mondial: responsabilité, éthique, efficacité », Commission des Finances, rapport d'information n° 284, annexe au procès-verbal de la séance du 22 mars 2000.

Minsky, H. P., *Stabilizing an Unstable Economy*, New Haven, Yale University Press, 1986.

Oxfam, « Banques, la faim leur profite bien », *oxfamfrance.org*, www.oxfamfrance.org/tags/banques-faim-leur-profite-bien.

Peillon, A., *Corruption*, Paris, Seuil, 2014.

Piketty, T., *Le capital au XXIe siècle*, Paris, Seuil, 2013.

Reinhart, C.M. et K.S. Rogoff, *Cette fois, c'est différent*, Montreuil, Pearson France, 2010.

Scialom, L., *Économie bancaire*, Paris, La Découverte, 2013.

Stiglitz, J.E., *Le triomphe de la cupidité*, Paris, Les Liens qui Libèrent, 2010.

Tricornot, A., Thépot, M. et Dedieu, F., *Mon amie, c'est la finance*, Paris, Bayard, 2014.

Liste des tableaux

Tableau 1   Les 28 banques systémiques selon leurs totaux de bilan

Tableau 2   Banques systémiques et États. Rapport des forces à l'échelle mondiale

Tableau 3   Banques systémiques. Encours notionnels de produits dérivés

Tableau 4   Banques systémiques. Profits et écarts de salaires

Tableau 5   Interconnexion entre les banques systémiques. Liens institutionnels

Tableau 6   La position dominante des banques systémiques sur le marché des changes

Tableau 7   Taux d'intérêt à court terme, Libor-dollar. Panel des 18 banques participantes

Tableau 8   Taux d'intérêt à moyen et long terme sur le marché des dettes publiques. Panel des *primary dealers*

Tableau 9   Le poids relatif des banques systémiques dans les activités de *trading*

Tableau 10   Crise des *subprimes*. Amendes payées par les banques systémiques

Tableau 11   Première manipulation en bande organisée des taux d'intérêt par les banques systémiques. Le scandale du Libor

Tableau 12   Deuxième manipulation en bande organisée des taux d'intérêt par les banques systémiques. Le scandale de l'Euribor et du Tibor

Tableau 13   Manipulation en bande organisée du marché des changes par les banques systémiques

Tableau 14   Manipulation en bande organisée du marché des produits dérivés par les banques systémiques. Entente entre celles-ci bloquant l'accès au marché

Tableau 15   Manipulation en bande organisée du marché des produits dérivés par les banques systémiques. Entente sur les prix

Tableau 16   Les États face à l'oligopole systémique. La rupture provoquée par la crise de 2007-2008

Tableau 17   Les États face à l'oligopole systémique. La mesure de l'impuissance publique

Tableau 18   Noyau de l'oligopole bancaire mondial

Tableau 19   Banques systémiques et produits dérivés. Une fuite en avant suicidaire, 1998-2013.

Tableau 20   Les banques systémiques condamnées pour leurs transactions en dollars avec des pays sous embargo

Table des matières

Liste des sigles, acronymes et abréviations 9
Introduction 11

Première partie
Un oligopole omnipotent et systémique .. 25

Une taille surdimensionnée 30
L'interconnexion financière 46
L'interconnexion institutionnelle 54
Des positions dominantes 65

Deuxième partie
Une dictature dévastatrice 85

L'oligopole, facteur d'instabilité systémique 89
I 90
II 94

III	104
IV	109
Les États, otages de « l'oligopole systémique »	115
Allons-nous vers un cataclysme d'ampleur inédite ?	131
Conclusion	147
Remerciements	151
Bibliographie	155
Liste des tableaux	159

Du même auteur

La structure financière du capitalisme français, Paris, Calmann Lévy, 1977 [1974]
Le capitalisme en France, Paris, Éditions du Cerf, 1976
La banque et les groupes industriels à l'heure des nationalisations (dir.), Paris, Calmann Lévy, 1977
Les groupes industriels en France (en collab. avec J.-P. Gilly), Paris, La documentation française, Notes et études documentaires, n° 4605-4606, 1981
Théorie économique du patrimoine, Paris, Ellipses, 1984
Le cœur financier européen (en collab. avec C. Dupuy), Paris, Economica, 1993
Le modèle français de détention et de gestion du capital. Analyse prospective et comparaisons internationales, Rapport de mission au ministre de l'Économie, des Finances et de l'Industrie, Paris, Éditions de Bercy, 1998
Le nouveau mur de l'argent. Essai sur la finance globalisée, Paris, Seuil, 2012 [2006]
Autopsie d'une crise financière annoncée. Une enquête de Désiré Tofix (en collab. avec Patrick Mignard), Toulouse, Le Pérégrinateur, 2010
Un monde sans Wall Street, Paris, Seuil, 2011
La grande saignée. Contre le cataclysme financier à venir, Montréal, Lux, 2013

Déjà parus dans la collection « Lettres libres »

Omar Barghouti, *Boycott, désinvestissement, sanctions*
Alain Deneault, *« Gouvernance ». Le management totalitaire*
David Dufresne, Nancy Huston, Naomi Klein, Melina Laboucan-Massimo et Rudy Wiebe, *Brut. La ruée vers l'or noir*
Francis Dupuis-Déri, *L'armée canadienne n'est pas l'Armée du salut*
Francis Dupuis-Déri, *L'éthique du vampire*
Bernard Émond, *Il y a trop d'images*
Jacques Keable, *Les folles vies de* La Joute *de Riopelle*
Duncan Kennedy, *L'enseignement du droit et la reproduction des hiérarchies*
Robert Lévesque, *Près du centre, loin du bruit*
John R. MacArthur, *L'illusion Obama*
Eric Martin et Maxime Ouellet, *Université inc.*
Gilles McMillan, *La contamination des mots*
Pierre Mertens, *À propos de l'engagement littéraire*
Hugo Meunier, *Walmart. Journal d'un associé*
François Morin, *La grande saignée. Contre le cataclysme financier à venir*
Jean-François Nadeau, *Un peu de sang avant la guerre*
Lise Payette, *Le mal du pays. Chroniques 2007-2012*
Jean-Marc Piotte et Pierre Vadeboncoeur, *Une amitié improbable. Correspondance 1963-1972*
Jacques Rancière, *Moments politiques. Interventions 1977-2009*
Simon Tremblay-Pepin, *Illusions. Petit manuel pour une critique des médias*
Alain Vadeboncoeur, *Privé de soins. Contre la régression tranquille en santé*
Pierre Vadeboncoeur, *L'injustice en armes*
Pierre Vadeboncoeur, *La dictature internationale*
Pierre Vadeboncoeur, *La justice en tant que projectile*
Pierre Vadeboncoeur, *Les grands imbéciles*

CET OUVRAGE A ÉTÉ IMPRIMÉ EN SEPTEMBRE 2015 SUR
LES PRESSES DE L'IMPRIMERIE CPI FIRMIN-DIDOT POUR
LE COMPTE DE LUX, ÉDITEUR À L'ENSEIGNE D'UN CHIEN
D'OR DE LÉGENDE DESSINÉ PAR ROBERT LAPALME

Le texte a été mis en page par Claude BERGERON

La révision du texte a été réalisée
par Nicolas ROULEAU

Lux Éditeur
C.P. 60191
Montréal, Qc, H2J 4E1

Diffusion et distribution
Au Canada : Flammarion
En Europe : Harmonia Mundi

Imprimé en France
N° d'impression : 130739